VOL. 53

Dados Internacionais de Catalogação na Publicação (CIP)
(Câmara Brasileira do Livro, SP, Brasil)

Pinho, J. B., 1951 -
  O poder das marcas / José Benedito Pinho. – São Paulo :
Summus, 1996. (Novas buscas em comunicação; v. 53).

  Bibliografia.
  ISBN 978-85-323-0549-7

  1. Administração mercadológica 2. Marcas comerciais -
Produtos - Marketing 3. Publicidade I. Título. II. Série.

96-2660   CDD-658.827

Índice para catálogo sistemático:

1. Marcas comerciais: Marketing:
Administração de empresas 658.827

Compre em lugar de fotocopiar.
Cada real que você dá por um livro recompensa seus autores
e os convida a produzir mais sobre o tema;
incentiva seus editores a encomendar, traduzir e publicar
outras obras sobre o assunto;
e paga aos livreiros por estocar e levar até você livros
para a sua informação e o seu entretenimento.
Cada real que você dá pela fotocópia não autorizada de um livro
financia o crime
e ajuda a matar a produção intelectual de seu país.

O PODER DAS
MARCAS

J. B. Pinho

summus
editorial

O PODER DAS MARCAS
Copyright © 1996 by José Benedito Pinho
Direitos desta edição reservados por Summus Editorial

Capa: **Roberto Strauss**

Summus Editorial
Departamento editorial:
Rua Itapicuru, 613 – 7º andar
05006-000 – São Paulo – SP
Fone: (11) 3872-3322
Fax: (11) 3872-7476
http://www.summus.com.br
e-mail: summus@summus.com.br

Atendimento ao consumidor:
Summus Editorial
Fone: (11) 3865-9890

Vendas por atacado:
Fone: (11) 3873-8638
Fax: (11) 3873-7085
e-mail: vendas@summus.com.br

Impresso no Brasil

SUMÁRIO

INTRODUÇÃO 7

CAPÍTULO 1
**Evolução, Natureza e Funções da Marca no
Composto de Marketing** 11
Origem e evolução das marcas 11
Conceituações de marca 14
Funções das marcas nominais 15
Categorias de marcas nominais 16
Desenvolvimento de novas marcas 19
Políticas e estratégias de marca 21

CAPÍTULO 2
**Marcas Corporativas e
Identidade Visual** 29
Akzo: a marca corporativa como agente unificador 29
O conceito de identidade corporativa 32
Processo de criação do sistema de identidade corporativa 36

CAPÍTULO 3
***Brand Equity* e Imagem na
Valoração das Marcas** 43
Brand equity: o valor patrimonial das marcas 44
Brand equity: a administração de marcas 46
Imagem de marca 50

CAPÍTULO 4
A Publicidade na Construção do Conhecimento da Marca 53
A implantação da indústria automobilística brasileira 53
Em cena o novo projeto industrial e comercial 55
Awareness: o conhecimento da marca 74

CAPÍTULO 5
A Publicidade na Formação da
Percepção de Qualidade.. 81
Compaq: uma marca de excelência em qualidade 81
O conceito de qualidade percebida 86
Dimensões da qualidade percebida 86

CAPÍTULO 6
A Publicidade na Construção de
Associações com a Marca 95
Hollywood: uma associação de sucesso 95
Associações promovidas pela marca 97

CAPÍTULO 7
A Publicidade na Formação da
Fidelidade à Marca 119
Coca-Cola: isso é que é 119
A fidelidade do consumidor à marca 130

CONSIDERAÇÕES FINAIS 135

BIBLIOGRAFIA 139

INTRODUÇÃO

Em nossos dias, o acelerado avanço tecnológico dos processos industriais de desenvolvimento de produtos permite que muitos fabricantes ofereçam ao mercado produtos que apresentam as mesmas especificações técnicas resultando em padrões de qualidade semelhantes, o que elimina seus diferenciais físicos. Os canais de distribuição são praticamente os mesmos e os investimentos em comunicação mercadológica revelam-se bastante próximos e resultam em pressões idênticas na demanda.

Tudo isso combinado leva, inevitavelmente, a uma maior valorização da marca como elemento exclusivo de diferenciação. Uma marca passa então a significar não somente o produto real, mas incorpora um conjunto de valores e atributos tangíveis e intangíveis que contribuem para diferenciá-la daqueles que lhe são similares.

Ao adquirir um produto, o consumidor não compra apenas um bem. Ele compra todo o conjunto de valores e atributos da marca. No caso da IBM, fabricante cuja marca é um sinônimo de excelência em computadores de médio e grande porte, o consumidor pode basear seu entendimento do nome como *"I Believe in this Machine"*. De maneira inversa, os primeiros automóveis Fiat produzidos no país — a linha 147, que apresentou sérios problemas mecânicos e de adaptação às condições locais — tiveram refletidos na sua imagem de marca a frustração e o bom humor muito próprios do brasileiro, sendo ela decomposta como "Fui Iludido, Agora é Tarde", que exigiu posteriormente um considerável esforço para a sua recuperação no conceito dos *prospects* e dos consumidores em geral.

O uso das marcas estendeu-se com igual sucesso para abranger o setor de serviços. Empresas de seguro, financeiras, bancárias e todas aquelas que oferecem os mais variados serviços utilizam as marcas para se diferenciarem, entre si e de seus concorrentes. O crescimento é vertiginoso: em mais de 160 países, as marcas e outras propriedades intelectuais são reconhecidas como passíveis de registro e proteção legal, garantindo a seus proprietários todos os direitos daí decorrentes. Ninguém mais duvida que a marca vale mais do que uma indústria e suas instalações, por mais grandiosas que sejam. De posse de uma marca, os empresários podem dispor de capital e sócios que se fizerem necessários para montar a fábrica em qualquer parte do mundo.

Na medida em que cresceu consideravelmente a oferta de produtos e serviços, aumentando as opções de escolha do consumidor, e no momento em que novos produtos disputam segmentos bastante específicos de mercados, outros fatores passam a desempenhar um importante papel no processo de seleção da marca. Não se pode negar que a qualidade do produto — ou a prestação de serviços de qualidade superior — é essencial para o sucesso de uma marca, e que nenhuma marca de sucesso pode sobreviver sem que satisfaça às necessidades do consumidor. Todavia, parece inevitável que as marcas guardam uma relação cada vez maior com fatores intangíveis, com a missão de construir e manter um *mix* de atributos, tangíveis ou não, que sejam relevantes e contribuam para uma melhor distinção entre o produto e seus concorrentes.

O mundo mudou. Entre as mudanças, está em cena um novo cidadão, mais informado, mais crítico, consciente e com maior participação na sociedade. Como conseqüência, o perfil desenhado para o consumidor brasileiro dos anos 90 prevê que ele será extremamente informado de seus direitos, terá gostos definidos e vai exigir produtos e serviços que atendam suas necessidades reais. Neste contexto, a influência da marca para o sucesso da empresa torna-se cada vez mais incontestável diante do poder por ela demonstrado em criar associações positivas que possam garantir ao produto posições firmes no mercado consumidor, persistindo durante longo período de tempo e ainda sendo capazes de resistir aos avanços da concorrência.

A administração de marcas e o desenvolvimento de estratégias de marca apropriadas constituem o grande desafio que se oferece para os especialistas de marketing e de comunicação na década de 90. A batalha a ser travada é a *guerra das marcas*, uma competição da qual sairá vencedora a marca que conquistar o maior domínio das preferências do consumidor.

Esta questão não é uma novidade, mas sim uma tendência que se manifesta agora mais claramente devido aos sinais percebidos de deterioração do processo de construção da marca, no enfraquecimento dos níveis de lealdade do consumidor e na emergência do preço, descontos e promoções como principais fatores de diferenciação, privilegiando-se assim resultados de curto prazo que acarretam evidentes prejuízos na delicada relação custo/benefício.

O problema pode ser detectado hoje em mercados mais evoluídos e, nos países em desenvolvimento, tem uma importância muito particular, pois ainda é relativamente fácil construir marcas de sucesso que garantam para a empresa uma posição competitiva privilegiada. Assim, os propósitos deste livro são os de aprofundar o conhecimento do processo de gestão de marcas e determinar com maior precisão o papel que a publicidade cumpre na construção da imagem de marca. É indiscutível que a publicidade propicia uma exposição permanente e continuada da marca nos veículos de comunicação. Inevitavelmente, esta comunicação manipula, reforça ou transmite atributos, valores e associações que reconhecidamente constituem os componentes essenciais para a formação, manutenção ou rejuvenescimento da imagem de marca de produtos e serviços.

Por fim, é importante mencionar que este livro é uma compactação de minha tese de Doutoramento, apresentada em junho de 1994 como parte dos requisitos necessários para a obtenção do título de doutor em Ciências da Comunicação pelo Programa de Pós-Graduação da Escola de Comunicações e Artes da USP. Assim, quero registrar os meus agradecimentos ao orientador do trabalho, prof. dr. Francisco Assis Martins Fernandes, e aos componentes da Banca Julgadora, professores doutores Francisco Gracioso, Kardec Pinto Vallada, Renato da Silva Queiroz e Tupã Gomes Corrêa, pelas contribuições que trouxeram ao estudo e que estão incorporadas nesta obra.

CAPÍTULO 1

EVOLUÇÃO, NATUREZA E FUNÇÕES DA MARCA NO COMPOSTO DE MARKETING

Os sinetes, selos, siglas, símbolos e, mais modernamente, as marcas desempenham primordialmente a função de identificar os produtos e serviços por eles assinalados e diferenciá-los daqueles produzidos pela concorrência. Com o recente desenvolvimento e a aplicação cada vez mais extensiva das técnicas de marketing, a natureza das marcas também modificou-se. Novas funções foram sendo incorporadas e, conseqüentemente, as marcas nominais vão se constituindo em elementos primordiais no composto de marketing das empresas comerciais, industriais e de prestação de serviços.

A natureza das marcas e o papel que desempenham atualmente nas organizações comerciais podem ser melhor compreendidos pela análise das suas origens e pelo exame das principais funções que vêm sendo por elas cumpridas no contexto do marketing moderno.

ORIGEM E EVOLUÇÃO DAS MARCAS

Desde a mais remota Antiguidade existiam várias maneiras de promover as mercadorias. Sinetes, selos, siglas e símbolos eram as mais comuns, utilizados como um sinal distintivo e de identificação para assinalar animais, armas e utensílios. Naqueles tempos, bem antes de as marcas terem adquirido o seu sentido moderno, era costume indicar a proveniência do produto agrícola ou manufaturado, a marca servindo muitas vezes para atestar a excelência do produto e seu prestígio.

Na Grécia antiga, arautos anunciavam de viva voz a chegada de navios com cargas de interesse especial. Por sua vez, os romanos tornavam públicos, por meio de mensagens escritas, os endereços onde se vendiam calçados e vinhos ou se podia encontrar um escriba. Para as populações largamente analfabetas da época, o uso de pinturas revelou-se a melhor forma para identificar os comerciantes e as mercadorias que vendiam. Os açougues romanos exibiam a figura de uma pata traseira de boi, os comerciantes de vinho colocavam na fachada de seus estabelecimentos o desenho de uma ânfora, enquanto a figura tosca de uma vaca indicava a existência de um estabelecimento que comercializava laticínios em geral.

11

Na Idade Média, as corporações de ofício e de mercadores adotaram o uso de marcas como procedimento para o controle da quantidade e da qualidade da produção. As chamadas *marcas de comércio* (*trademarks*) tornaram possível a adoção de medidas para o ajuste da produção e comercialização de determinados bens à demanda do mercado. E ainda constituíram uma proteção para o comprador, que podia identificar o produtor e resguardar-se da má qualidade que caracterizava grande parte das mercadorias na época. Para as corporações, as marcas tinham também um sentido prático. Os ourives na França e na Itália, os tecelões na Inglaterra e muitos membros das guildas na Alemanha eram forçados a usar *marcas individuais*, que permitiam às corporações preservar o monopólio e identificar as falsificações ou os artesãos cuja produção estivesse em desacordo com as especificações técnicas da agremiação.

As marcas individuais tornaram-se obrigatórias e adquiriram, já no século XI, um sentido comercial, com o surgimento das comunas e cidades e com a divisão de mercado, trabalho e competência. As operações comerciais eram efetuadas longe do centro produtor, deixando de existir uma relação direta entre o produtor e o comprador. Assim, a marca era o elemento que estabelecia um vínculo entre o fabricante sediado na cidade de origem do produto e o consumidor que estava em lugar distante. Por meio dela, o comprador tinha assegurada a garantia de qualidade do produto e podia reclamar quando a mercadoria não apresentasse as qualidades devidas.

> "...Com o passar dos tempos tais marcas individuais obrigatórias acabaram por se transformar em marcas que representavam a excelência e boa qualidade dos produtos com o que assumiram função tipicamente concorrencial, com os produtos aceitos e acreditados em função da marca que ostentavam, exatamente como ocorre nos tempos atuais" (Domingues, 1984: 22).

No século XVI, as destilarias escocesas embarcavam o uísque em barris de madeira que recebiam a gravação a fogo do nome do fabricante. A marca nos tonéis representava uma garantia de procedência e uma prevenção contra a substituição da bebida por outros sucedâneos mais baratos. As tabernas e *pubs* ingleses exploraram de maneira engenhosa os símbolos pictoriais no século XVII, usados em associação com o nome do estabelecimento. A placa de uma taberna com o nome *Three Squirrels* (Três Esquilos), por exemplo, era reforçada com o desenho dos animais, uma tradição que permanece até nossos dias. O uso pioneiro da marca como elemento de diferenciação aconteceu na Escócia, em 1835, com a introdução da marca *Old Smuggler*, criada para designar uma linha de uísque que empregava um processo especial de destilação.

Remonta também aos primeiros anos do século XIX o início da preocupação com as questões de proteção e de registro das marcas, principalmente na Inglaterra, Estados Unidos e Alemanha. Apesar da evolução lenta e confusa da legislação de proteção às marcas, decorrente das dificuldades inerentes aos valores intangíveis da marca, difíceis de serem provados nos tribunais, a demanda legal acarretou na segunda metade do século a promulgação da Lei de Marcas de Mercadoria na Inglaterra (1862), da Lei Federal de Marcas de Comércio nos Estados Unidos (1870) e da Lei para a Proteção de Marcas na Alemanha (1874).

No Brasil, o Código Criminal do Império era completamente omisso quanto a qualquer tipo de proteção legal às marcas comerciais e de indústria. Até que, por volta de 1875, conforme relata Domingues (1984: 47-48), a firma Meuron & Cia., fabricante de rapé com a marca *Arêa Preta*, ingressou em juízo contra uma empresa concorrente, a Moreira & Cia., que lançou no mercado o mesmo produto com o nome *Arêa Parda*, alegando a primeira a usurpação da sua marca. A causa teve Rui Barbosa como advogado da reclamante, sendo julgada improcedente pelo Tribunal da Relação da Bahia, já que nenhuma lei qualificava o fato como delito. Nova representação foi encaminhada pelo autor ao Poder Legislativo, merecendo dessa vez a acolhida pela Comissão de Justiça Criminal da Câmara dos Deputados, que na sua exposição de motivos manifestou o perigo que a certeza de impunidade poderia acarretar para a indústria e elaborou um projeto de regulamentação que, depois de aprovado, se transformou na Lei nº 2.682 de 23 de outubro de 1875. Domingues (1984: 48) resume a seguir as principais características e disposições do texto legal:

> "A lei protegia apenas o fabricante do produto ou seu vendedor e com a marca somente podiam ser assinaladas as mercadorias entregues ao comércio. A marca utilizada pelos comerciantes e industriais para assinalar seus produtos e diferenciá-los de artigos de outra procedência podia consistir da firma ou razão social da empresa, no nome do fabricante revestido de forma distintiva, e ainda em quaisquer outras denominações, emblemas, selos, sinetes, carimbos, relevos, invólucros de toda a espécie, que possam distinguir os produtos da fábrica ou os objetos do comércio".

Ainda neste século, o conceito de *marca de comércio* evolui para o de *marca de indústria e de comércio*, abrangendo também os produtos individuais. O surgimento desse tipo decorre dos avanços da Revolução Industrial, que teve seu início na Inglaterra e depois se estendeu a diversos países, obrigando os fabricantes a assumirem cada vez mais as funções mercantis antes reservadas exclusivamente aos comerciantes. Com os bens sendo produzidos em grande variedade e quantidade, novos mercados precisavam ser conquistados e assim apareceram os primeiros cartazes publicitários e catálogos de compra, onde figuravam algumas marcas.

No começo do século XX, o sucesso das marcas lançadas pelas indústrias e divulgadas intensamente pela publicidade comercial motivou cooperativas, organismos oficiais e grupos econômicos a criarem suas marcas e divulgá-las. Na Inglaterra, aponta Domingues (1984: 67-68), uma intensa campanha publicitária de difusão da marca *Sunlight* aumentou as vendas do seu fabricante de 3 mil toneladas em 1886 para 60 mil toneladas, em 1910. E, nos Estados Unidos, a Fruit Growers Exchange, associação de produtores californianos, começou em 1907 a comercializar laranjas de sua produção com a marca *Sunkist*, enquanto a cadeia de lojas Sears Roebuck também colocou sua marca junto com a do fabricante, e até o sindicato de vendedores de chapéus adotou uma marca. Todos tinham o propósito de se fazerem conhecidos e mais distinguíveis junto aos consumidores.

A crise econômica de 1929 trouxe como um dos seus resultados a profunda recessão que perdurou durante os anos 30, deslocando a publicidade de produtos e marcas para uma forte concorrência de preços. A guerra de preços e a perda de qualidade dos produtos, esta como estratégia para a redução de custos, ensinou a primeira lição: em época de crises, a publicidade comercial não deve ser reduzida, sob pena de produto e marca sucumbirem no mercado.

Depois da Segunda Guerra Mundial, iniciou-se uma nova era do marketing, em que as marcas constituem uma importante manifestação da economia moderna, com o seu papel e efeitos sendo intensificados pelo uso dos instrumentos da comunicação mercadológica, e que são o nosso objeto neste estudo.

CONCEITUAÇÕES DE MARCA

O Comitê de Definições da American Marketing Association estabeleceu em 1960 os conceitos de *marca*, *nome de marca* e *marca registrada*. A definição de *marca* é a mais abrangente:

> "Marca é um nome, termo, sinal, símbolo ou desenho, ou uma combinação dos mesmos, que pretende identificar os bens e serviços de um vendedor ou grupo de vendedores e diferenciá-los daqueles dos concorrentes."
> "Nome de marca é aquela parte da marca que pode ser pronunciada, ou pronunciável."
> "Marca registrada é uma marca ou parte de uma marca à qual é dada proteção legal, porque é capaz de apropriação exclusiva".

Por sua vez, o *logotipo*, palavra formada pela junção dos elementos gregos *lógos* (palavra) e *typos* (impressão, marca), aplicava-se ao seu sentido original: um recurso pelo qual se pretendia substituir os caracteres móveis individuais utilizados na composição tipográfica por grupos de letras reunidos em uma peça única. Inventada no século XVIII, a logotipia revelou-se na prática um processo complicado e foi logo substituída pelas linotipos, máquinas que fundiam linhas inteiras de tipos. Rabaça e Barbosa (1978: 287-288) explicam as sucessivas mudanças que o termo *logotipo* experimentou através dos tempos:

"A partir da reunião de várias letras em uma só peça (operação que continuou manual para os caracteres de corpo maior), a palavra logotipo passou a designar, p. ext., qualquer marca comercial ou industrial constituída por uma palavra ou sigla de traçado característico, facilmente reconhecível. Predominaram por muito tempo, na confecção de logotipos, os caracteres monogramáticos (herança dos velhos monogramas com letras bordadas, tendentes ao rococó, de leitura muitas vezes difícil, letras superpostas e elementos supérfluos). Como todas as outras formas de comunicação, o desenho desses símbolos foi se tornando menos rebuscado, com o tempo, permitindo uma identificação mais instantânea. O mesmo aconteceu com os símbolos figurativos, constituídos inicialmente por brasões, insígnias ou escudos em tom de nobreza, hieráldicos, medievais. A simplificação estilística determinou um conceito novo de logotipo: o desenho de letras pode adquirir a característica de uma abstração geométrica, pode formar um emblema, ou pode sugerir figuras. O traçado dos logotipos e dos emblemas deixou de ter, necessariamente, relação direta com as características ou peculiaridades da coisa representada. Seu principal objetivo é provocar a identificação imediata de uma determinada instituição ou produto, e para isso ele deve ser facilmente fixado na memória do público, destacando-se entre milhares de outros estímulos visuais que diariamente são recebidos pelas pessoas. Essa memorização instantânea é reforçada pelo uso constante do logotipo, no contexto das mensagens e de todos os meios que a empresa utiliza (anúncios, impressos, veículos de transporte, letreiros, embalagens etc.)".

A American Marketing Association (1960) reflete este novo entendimento de *logotipo*, definindo-o como "a parte da marca que é reconhecível, mas não é pronunciável, como um símbolo, desenho ou cores e formatos de letras distintivas".

FUNÇÕES DAS MARCAS NOMINAIS

Através dos tempos, as marcas têm sido usadas basicamente para identificar e diferenciar uma mercadoria, produto ou serviço em relação aos seus concorrentes. Modernamente, as marcas nominais passaram a desempenhar papéis mais variados e complexos. De acordo com Domingues (1984: 89-90), encontramos na marca as seguintes funções: concorrencial, identificadora, publicitária, individualizadora, de descobrimento ou revelação, de diferenciação e de diferenciação interna.

Função concorrencial: as marcas que assinalam os produtos concorrem diretamente entre si;
Função identificadora: ao assinalar os produtos e serviços, as marcas os identificam individualmente;
Função individualizadora: o produto marcado e identificado torna-se um bem individualizado e único perante um conjunto de bens de marcas diferentes;
Função de descobrimento ou revelação: depois de um produto novo ser lançado no mercado, a marca é que vai revelar sua existência ao consumidor. E ao comprar o bem, o consumidor descobre o produto que a marca assinala;

Função de diferenciação: por meio de uma marca o produto torna-se diferenciado na sua categoria;

Função publicitária: a publicidade busca divulgar e promover a marca do produto junto ao consumidor para que, assim, ele deixe de ser uma mercadoria anônima;

Função de diferenciação interna: o popular Fusca, da Volkswagen, era apresentado em três versões: Volkswagen 1200, 1300 e 1500. Domingues (1984: 90) sustenta que esses números, acrescentados pelos fabricantes como elementos de diferenciação interna das versões, acabaram constituindo um elemento de diferenciação externa para o mercado. Embora aparentemente idênticos, os modelos apresentavam diferenças concretas de qualidade, preço e acabamento, que fizeram o consumidor estabelecer uma diferença de *status* entre os proprietários de cada uma das versões.

Os produtos e serviços de marca trazem vantagens tanto para o produtor, como para o revendedor e o consumidor. Ao definir marcas para os seus produtos, o fabricante identifica-os claramente, simplificando o seu manuseio ou a busca. O produto tem preservada a sua unicidade, pela proteção dada às características que lhe são peculiares, e isso vai limitar a possibilidade de imitações por parte dos concorrentes. A marca nominal pode também conferir certa conotação ao produto, permitindo que o consumidor satisfeito possa encontrá-lo com facilidade e efetuar uma nova compra, mediante o reconhecimento da marca, o que pode determinar, em última análise, o desenvolvimento da chamada *fidelidade à marca*. A marca pode ainda constituir uma base para a empresa estabelecer uma política de preços diferenciada, ou seja, praticar preços mais elevados que resultem em maiores margens de lucratividade.

Para o revendedor, as vantagens consistem na maior facilidade de vender produtos de marcas já conhecidas, na garantia representada pela marca em merecer a preferência do consumidor e na possibilidade da pronta e rápida identificação da origem dos produtos. Para o consumidor, a vantagem da marca provém de seu valor informativo, que permite o reconhecimento das possíveis diferenças existentes entre os diversos artigos oferecidos.

CATEGORIAS DE MARCAS NOMINAIS

Os nomes de marcas, apesar de sua grande variedade e quantidade, podem ser agrupados em algumas categorias básicas. Entre elas, Room (1987: 14) distingue sete classes, baseadas em nomes artificiais, de pessoas, de um local ou região, de *status*, artificiais, descritivos e por associações positivas, que são expostas a seguir.

1) Marcas baseadas em **nomes de pessoas**, sejam do seu inventor, do titular da patente, do lojista ou de pessoas de alguma maneira associadas ao produto, como Cartier e Mercedes Benz;

16

2) Marcas baseadas no **nome de um local ou região**, geralmente onde o produto ou serviço foi originalmente inventado ou vendido, como American Airlines e Swissair;

3) Marcas baseadas em **nomes científicos** inventados a partir de palavras latinas ou gregas, como Gramophone e Aspirina;

4) Marcas baseadas em **nomes de** *status*, provenientes de palavras da língua francesa ou inglesa, como Ambassador e Minister;

5) Marcas baseadas em **associações positivas**, freqüentemente estabelecidas a partir de histórias reais ou de lendas, como o uísque 100 Pipers;

6) Marcas baseadas em **nomes artificiais**, que guardem ou não uma semelhança com nomes reais, como Kodak e Exxon;

7) Marcas baseadas em **nomes descritivos**, como Coca-Cola e Holliday Inn.

Mais restritivos, Graham e Peroff (1987: 37-38) não recomendam o uso de nomes como Perfeito, Grande, Moderno, Fantástico e suas variações fonéticas, que não permitem marcas efetivamente distintas. Também os nomes de locais e regiões, de pessoas e os sobrenomes comuns devem ser evitados, devido à impossibilidade de serem protegidos legalmente. Finalmente, considerando a força relativa dos nomes, Graham e Peroff (1987: 35-38) estabeleceram ainda uma hierarquia que vai das marcas mais fortes às mais fracas, formando quatro categorias: marcas inventadas ou arbitrárias, marcas sugestivas, marcas descritivas e marcas genéricas.

Marcas inventadas ou arbitrárias: é o tipo mais forte de marca. Pode ser uma palavra que nunca existiu antes (Kodak) ou uma palavra existente, mas sua escolha para nome de um produto é arbitrária (Apple para computadores);

Marcas sugestivas: é um tipo atrativo, pelas associações que a marca sugere, como Comfort para amaciante de roupas;

Marcas descritivas: descrevem uma característica física ou atributo do produto ou serviço, como Holliday Inn. Geralmente, causam problemas por não permitirem uma distinção exclusiva do produto e, muitas vezes, enfrentam restrições para o registro legal;

Marcas genéricas: é o tipo mais fraco. As marcas genéricas apresentam-se em dois tipos: aquelas que são genéricas na sua concepção (como Natural para produtos naturais) e as que se tornam genéricas pelo uso indevido, como Gillette, atualmente um sinônimo de lâminas de barbear.

O espectro de marcas

Kodak, Sunsilk e Bitter Lemon constituem pontos referenciais no espectro de nomes de marcas (*Figura 1*) desenvolvido por Murphy (1987: 96). O espectro estabelece uma rota que vai dos nomes totalmente arbitrários e convencionais aos nomes completamente descritivos, baseados em uma característica física, propriedade ou atributo do produto.

Figura 1
ESPECTRO DE NOMES DE MARCA

Fonte: MURPHY, John M., ed. *Branding: a key marketing tool*. Nova York, McGraw-Hill, 1987, p. 96.

Kodak, por exemplo, é um nome curto, forte e memorável, mas que não tem nenhum significado. George Eastman inventou-o em 1888, para designar sua mais recente invenção, a primeira máquina fotográfica portátil do mundo. Procurando um nome que começasse e terminasse com um K — na sua opinião, uma letra forte e bastante incisiva —, Eastman desenvolveu dezenas de variações com vogais e consoantes, até chegar ao que queria: Kodak, uma pura invenção que se revelou uma das mais fortes marcas mundiais. Sunsilk, por sua vez, é o nome de uma marca de xampu formado pelas palavras *sun* (sol) e *silk* (seda, sedoso), constituindo também uma invenção que tem sua força nas imagens e associações, que são altamente relevantes para o produto. Bitter Lemon, por sua significação (limão azedo), é um nome puramente descritivo para uma bebida cuja matéria-prima é o limão. Tem muito pouco de invenção, além de não ser passível de proteção pela legislação de marcas e patentes de muitos países.

Como regra geral, quanto mais descritivo for um nome, maior o seu poder de comunicação com o consumidor. Mas tais nomes são pouco distintivos e de difícil proteção. Por outro lado, quanto mais arbitrário ou convencional for o nome, menor será o seu poder de expressividade para o consumidor, obrigando o titular da marca a investir pesadamente para criar a personalidade de marca exigida por ele. Já no meio do espectro estão os nomes sugestivos ou associativos, que se caracterizam por serem distintivos e protegíveis, além de comunicarem pelas associações geralmente positivas para o consumidor.

Considerando a tendência de as empresas darem preferência aos nomes descritivos,* deve-se alertar para o perigo de arriscar o sucesso da marca

* Recentemente, o Departamento de Patentes dos Estados Unidos divulgou decisão preliminar que nega à Microsoft o registro da expressão *windows* ("janelas"), utilizada pelo fabricante para nome do seu ambiente operacional gráfico, considerada comum e de significado genérico na indústria de informática bem antes de a Microsoft lançar o produto, em 1983. O Windows foi desenvolvido para facilitar o uso dos microcomputadores da linha PC, permitindo o trabalho simultâneo com dois ou mais aplicativos, que são exibidos em quadros retangulares (as janelas) que compartilham uma mesma tela. As vendas do produto atingiram 12 milhões de cópias em 1992, o que indica o grande sucesso do *software*, que mudou radicalmente a situação desse mercado, anteriormente dominado pelo sistema operacional DOS (*Disk Operating System*), também da Microsoft.

adotando tais nomes, que não permitem o registro legal, e recomendar o uso de nomes associativos ou sugestivos, que resultam em marcas poderosas, atrativas e protegíveis. Murphy (1987: 97) exemplifica esta posição da seguinte maneira:

> "A Kodak poderia ter se saído muito bem se George Eastman adotasse um nome como Vista, mas dificilmente teria garantido uma posição tão forte no mercado se chamasse a sua companhia de Super-Pic [do inglês Super-picture] ou Easi-Foto [do inglês Easy Photography]".

DESENVOLVIMENTO DE NOVAS MARCAS

Apesar das importantes funções que o nome de marca desempenha, pouca atenção é dada ao seu desenvolvimento. Normalmente, a empresa dirige seus maiores esforços e cuidados para o planejamento de novos produtos, o desenvolvimento da embalagem, o estabelecimento de canais de distribuição, e só mais tarde acaba por descobrir que a escolha de um nome não apropriado pode trazer sérias dificuldades para a companhia ou até mesmo a retirada do produto do mercado. Por exemplo, o lançamento do cigarro Peter Stuveysant no Brasil fracassou devido à pouca familiaridade do consumidor com a pronúncia do nome do produto, o que não mereceu o devido cuidado no programa de comunicação. Outro problema comum é o nome ser adequado para o mercado nacional, mas mostrar-se inconveniente em outros países, como o modelo Nova, da General Motors, que no México teve o nome original alterado para Caribe, pois soava em espanhol como "Não funciona".

Portanto, o desenvolvimento de nomes para novos produtos deve obedecer a um planejamento criterioso e cuidadoso. Murphy (1987: 88-94) sugere quatro etapas distintas, mas intimamente relacionadas, no processo de desenvolvimento de marcas nominais. São elas: a definição de uma estratégia de marca, a determinação de temas de criação, a geração de nomes e a seleção final.

1ª ETAPA — A definição da estratégia do nome de marca

A estratégia de desenvolvimento de nomes de marcas é similar ao processo de desenvolvimento de novos produtos ou ao estabelecimento de estratégias de posicionamento e de propaganda. Ela envolve o levantamento de informações sobre o produto e o mercado, a determinação do papel específico a ser cumprido pela marca registrada e o estabelecimento dos objetivos da marca nominal, que são essenciais para orientar toda a seqüência de desenvolvimento de um nome forte e apropriado.

Produto — as informações dizem respeito ao conceito de produto, especificações, propriedades e formas de uso; posição no mercado; satisfações que vai proporcionar ao usuário e as necessidades que vai atender; sua relação com os produtos concorrentes; os planos de distribuição e de mídia; os pontos-de-venda; e o relacionamento do produto com a marca da companhia e com marcas registradas de produtos similares existentes.

Mercado — dados qualitativos e quantitativos de mercado, se o papel do novo produto e o ambiente em que será lançado são claramente compreendidos.

Marca registrada — envolve a descrição dos países, línguas e culturas onde o registro da marca será efetuado, para determinar se é ou não apropriada para os diferentes mercados; a mensagem ou mensagens que a marca nominal deve comunicar; a existência de marcas concorrentes; as restrições ao tamanho do nome; e os atributos e qualidades fonéticas e gráficas que a marca deve preencher.

Objetivos do nome de marca — o gerente de produto, a alta administração, a agência de propaganda e o *designer* da embalagem devem estabelecer em comum os objetivos a serem cumpridos pela marca, que vão funcionar como elementos unificadores na escolha de um nome.

2ª ETAPA — A determinação dos temas de criação

Os temas constituem enfoques a partir dos quais serão geradas as sugestões de nomes para o produto ou serviço. No caso de um automóvel, os nomes podem estar associados a temas como desempenho, potência, tecnologia, sofisticação e estilo de vida. Qualquer que seja o tema escolhido, ele exercerá uma grande influência na personalidade da marca e no programa de comunicação a ser desenvolvido para o produto.

3ª ETAPA — A geração de nomes de marca

A partir dos temas escolhidos, o estágio seguinte é criar palavras, analogias e idéias, tarefa geralmente confiada a equipes de criação, cujos participantes serão selecionados por sua criatividade, habilidades e domínio da língua e capacidade de trabalhar em grupo. A geração de nomes por computador também pode ser empregada, com base em bancos de dados e dicionários, já que os programas existentes para criação de nomes por permutação de vogais, consoantes e sílabas geram milhões de nomes, mas em sua maioria totalmente inúteis.

4ª ETAPA — A seleção do nome de marca

Nesta etapa tem lugar um cuidadoso processo de seleção. Primeiramente, são eliminadas as palavras que apresentem dificuldades de pronúncia em todas as línguas, de legibilidade ou de memorização, e aquelas que não permitem o registro legal, sejam parecidas com as marcas dos concorrentes ou tenham um tamanho excessivo. A relação deve então ser submetida a uma checagem e comparação com as palavras de todas as línguas envolvidas no projeto, para verificar se não apresentam significações obscenas, ofensivas ou negativas.

O próximo passo é a busca de uma eventual concessão de registro* a nomes iguais ou similares nos países e mercados onde se pretende comercializar a nova marca. Todos os nomes devem ser pesquisados pelos advogados locais em um primeiro país a ser designado, os remanescentes seguem para uma busca no próximo país e assim por diante. No entanto, não é incomum defrontar-se no caminho com objeções aparentes, que devem ser checadas. Às vezes, os proprietários devem ser contatados e, em certos casos, é necessário negociar acordos comerciais ou conduzir investigações sigilosas para verificar se uma marca registrada está sendo usada e em que classes de produtos e serviços.

Neste ponto, a relação provavelmente vai estar reduzida a alguns poucos nomes, que devem ser testados com consumidores e hierarquizados de acordo com as preferências. Pode ser descrito o conceito de produto e a seguir solicitado que os consumidores expressem, para cada nome em exame, a sua aprovação ("Gosto" ou "Não gosto") ou que eles explicitem associações mais profundas, do tipo forte *versus* fraco, masculino *versus* feminino, caro *versus* barato. Por se tratar de produto ainda não disponível no mercado, é importante levar em conta as ponderações de Murphy (1990: 79) quanto à subjetividade das técnicas atualmente em uso:

> "O teste de nomes potenciais para produtos ou serviços ainda não existentes é excepcionalmente difícil. Na situação da pesquisa, existe o perigo real de os consumidores atribuírem escores mais altos para nomes que soem mais familiares, rejeitando assim aqueles que são mais inovadores. (Tem-se discutido que, se Steve Jobs tivesse empregado técnicas convencionais de teste de nomes, a Apple Computadores teria sido chamada IRG Corporation, Compumax ou algum outro nome similar, pouco excitante. Também se a Revlon tivesse pesquisado a marca Charlie, poderia ser rejeitado este grande nome em favor de um nome como Fleurs de Paris ou Arc de Triomphe.)".

No momento da decisão final, o profissional de marketing deve basear seu julgamento na sua familiaridade com o mercado, nas informações provenientes dos testes com consumidores, na assistência de profissionais de marcas e patentes e também na sua própria intuição.

POLÍTICAS E ESTRATÉGIAS DE MARCA

A marca é um elemento preponderante na conformação do produto ou serviço ao consumidor. Portanto, as políticas e estratégias de marca devem ser estabelecidas em consonância com a própria estratégia do composto de

---

* Somente a partir de 1992 o Instituto Nacional da Propriedade Industrial — INPI — passou a observar o princípio internacional segundo o qual nomes de marcas notórias não podem ser registrados por donos diferentes em diversos países. Marcas como Alfa-Romeo, Suzuki, Canon, Mont Blanc, Hugo Boss, Apple, Land Rover e Burger King foram registradas no INPI em nome de verdadeiros piratas modernos, obrigando os seus proprietários a recomprar os direitos ou enfrentar demorados processos na Justiça para reaver as marcas.

produto, ou seja, levando em conta a gama de produtos e serviços oferecidos pela empresa.

Políticas de marca

A política de marca contribui para determinar a potencialidade de mercado de um bem, obtida por meio de sua qualificação no confronto com os concorrentes. A adoção de uma política de marca envolve três decisões, assim enumeradas por Kotler (1980: 232):

> "A primeira é se ela deve, e em que extensão, usar marcas em seus produtos (marca *versus* não-marca). A segunda é se deve usar suas marcas ou dos distribuidores (marcas do fabricante contra marcas do distribuidor). A terceira é se suas próprias marcas devem estar sob um, alguns ou muitos nomes individuais (marcas de família *versus* marcas individuais)".

Produtos sem marca

Apesar das vantagens indiscutíveis apresentadas pelas marcas (tanto para o produtor como para o distribuidor e o consumidor), os *produtos genéricos* iniciaram sua escalada em nosso país no final dos anos 70. A Bom Preço Supermercados do Nordeste, rede com sede em Recife, PE, foi a pioneira no lançamento de produtos sem marca. Os primeiros itens foram introduzidos em dezembro de 1979 e a linha de genéricos chegou a contar com 25 artigos. Em fevereiro de 1981, o Grupo Pão de Açúcar introduziu a sua linha de genéricos nos supermercados e hipermercados da rede na capital e no interior do estado de São Paulo. Todos os produtos eram de alta rotação e de consumo obrigatório, com preços mais baixos do que os da concorrência.

O conceito de produto genérico foi uma resposta das grandes redes de supermercados e hipermercados à crescente motivação do consumidor em relação ao preço, em uma época de forte retração econômica. Sem os custos elevados de embalagem, rotulagem e proteção legal, os produtos sem marca possibilitaram preços mais baixos do que os artigos similares com marca, adaptando experiências já consolidadas na Europa e Estados Unidos, mas que no Brasil tiveram breve duração.

Marcas de fabricantes e marcas de distribuidores

Para determinar a marca do seu produto, o fabricante pode utilizar o seu nome (marca de fabricante ou marca industrial), o nome de terceiros, tais como distribuidores, atacadistas e instituições varejistas (marca de distribuidores) ou até mesmo decidir por uma combinação dos dois (marca mista). Os fabricantes impuseram por longo tempo o predomínio de suas marcas no mercado. Entretanto, o recente fenômeno da formação e consolidação das grandes redes de estabelecimentos atacadistas e varejistas favoreceu o surgimento das *marcas próprias*, que representam uma ameaça efetiva às marcas dos fabricantes. Entre os produtos mais adequados para serem vendidos com marca própria estão os cosméticos, alimentos, produtos de limpeza, roupas, utensílios domésticos e artigos de cama, mesa e banho.

No confronto entre as marcas de fabricantes e as marcas de distribuidores, as vantagens maiores estão com as marcas produzidas sob as ordens do distribuidor. Sendo capaz de comprar os produtos em grande quantidade e, posteriormente, comercializá-los a preços mais baixos, o distribuidor obtém maior margem de lucro, já que não tem as despesas promocionais do fabricante. Eles ainda ocupam os melhores e maiores espaços de exposição no ponto-de-venda e desfrutam da rápida confiança do consumidor, graças ao preço menor, aos cuidados do distribuidor para garantir a qualidade de suas marcas e ao conhecimento pelos seus clientes de que os produtos são fabricados por empresas de grande porte e com boa reputação.

Os produtos com marca própria podem ser encontrados principalmente nos estabelecimentos de grande varejo, tais como as lojas de departamentos, supermercados e hipermercados (*Tabela 1*). No caso do Carrefour, os produtos com sua marca foram lançados em 1989 e constavam de 23 itens de alimentação e 13 de limpeza, ampliados gradativamente para o total de 47 artigos oferecidos hoje na rede. Por sua vez, os fornecedores da marca Carrefour são, em sua maioria, empresas líderes do mercado, a exemplo da Orniex, Vigor, Melitta, Peixe e Minasa. Os produtos são submetidos a um sistema de avaliação e controle de qualidade da produção à distribuição. A responsabilidade pela fiscalização é da SGS, Societé Générale de Surveillance, empresa especializada em inspeção e controle de qualidade sediada na Suíça com representação em 140 países.

Tabela 1

MARCAS PRÓPRIAS DAS PRINCIPAIS REDES DE HIPERMERCADOS

Estabelecimentos	*Marcas próprias existentes*
Carrefour	Carrefour
Eldorado	Doral, Eldoro, Doro, Antares
Paes Mendonça	Peti, Prakasa, PM, Unimar, Aladim, Baianão
Pão de Açúcar	Qualitá, Pap's, Teyk, Sirva-se, Zin, Fazendão

Uma tendência internacional, que nasceu nos Estados Unidos na década de 70, é que os produtos com as marcas dos hipermercados custam normalmente entre 5% e 15% menos do que as marcas líderes do mercado e, adicionalmente, trazem inúmeras vantagens ao consumidor e ao varejista. A venda é mais fácil, por ser uma alternativa mais econômica, sem prejuízo da qualidade. As marcas próprias ainda conseguem atrair novos fregueses para as lojas, já que os preços baixos permitem promoções constantes. Enfim, representam um diferencial perante a concorrência, contribuindo para reforçar a identidade do supermercado junto ao público.

Marcas de família e marcas individuais

Ao resolver adotar para seus produtos a sua própria marca, o fabricante deve decidir entre quatro alternativas possíveis: as marcas nominais individuais, o nome de família para denominar todos os produtos ou as linhas de produto e a marca da empresa combinada com nomes individuais.

Marcas nominais individuais: um nome único identifica um produto específico, como Coca-Cola;

Nome de família denominando todos os produtos: o fabricante designa todos os produtos com a marca do grupo, como Antarctica, que aparece em cerveja, guaraná, soda limonada, água tônica e outros;

Nome de família por linha de produtos: cada linha recebe um nome diferente das demais. A marca Findus, por exemplo, é exclusiva dos produtos da linha de congelados da Nestlé;

Marca da empresa combinada com nomes individuais: o nome da empresa é associado à marca individual de cada produto, como no caso do fabricante Kellog's e seus produtos Kellog's All-Bran, Kellog's Bran Flakes, Kellog's Müsli, Kellog's Corn Flakes, Kellog's Crunchy Nut e Kellog's Sucrilhos.

A principal vantagem da marca individual é que se o produto fracassar ou não for de boa qualidade, a empresa não sofre danos, pois a comercialização dos demais produtos de sua fabricação não será influenciada pelo fraco desempenho da nova marca. A política de marcas individuais também permite que a empresa busque a melhor denominação para cada produto novo, o que resulta em maior interesse do consumidor e cria maior expectativa.

Por outro lado, ao utilizar um nome de família extensivo a todos os produtos, o fabricante tem o benefício de custos menores de introdução do produto, não sendo preciso arcar com elevados investimentos para a criação, divulgação e consolidação da marca no mercado. Também quando a reputação do fabricante é boa, as vendas mantêm-se em níveis elevados. Torna-se necessário, entretanto, que os artigos comercializados com a mesma marca mantenham padrões de qualidade semelhantes. Caso o produto não apresente o mesmo nível de qualidade dos demais, o consumidor provavelmente vai associar suas deficiências com os demais componentes da linha, o que pode prejudicar as vendas como um todo.

Estratégias de marca

Nas decisões relativas às marcas individuais e marcas de família, podemos observar duas estratégias possíveis: a extensão de marca e marcas múltiplas.

Estratégia de extensão de marca

Com essa estratégia, a empresa procura estender o uso de marcas de sucesso para lançar novos produtos ou para modificar determinadas características de produto já existente, por meio de versões com tamanhos, modelos e sabores diferentes. A extensão de marca é uma alternativa que se apresenta ao grande investimento, elevado risco e longo tempo necessário para o desenvolvimento e maturação de novas marcas.

A disponibilidade de recursos é a primeira barreira para o desenvolvimento de novas marcas. Os *investimentos* exigidos, sempre de grande monta, devem ser canalizados para a identificação do conceito de marca, o desenvolvimento e proteção da marca nominal, a criação da embalagem e o programa de comunicação, em que a publicidade maciça é obrigatória para divulgar a marca e sustentá-la durante os primeiros anos de sua existência. Para estabelecer um vínculo entre o consumidor e a marca, os esforços promocionais devem garantir, aos consumidores potenciais, que os benefícios da marca serão permanentes e duradouros.

O segundo problema no desenvolvimento de novas marcas diz respeito aos *riscos* provenientes de falhas na própria concepção do produto ou nas demais variáveis do composto mercadológico. As estatísticas comprovam que é muito pequeno o número de novos produtos e marcas que são bem-sucedidos no mercado.

O *tempo* exigido para o desenvolvimento de uma marca é o terceiro obstáculo a ser enfrentado. Poucas são as empresas com recursos e disposição para manter, durante um período de tempo prolongado, os investimentos necessários para sustentar a divulgação da marca.

Esses três fatores são responsáveis pelo crescente interesse na extensão e são apontados como argumentos que justificam a decisão por uma estratégia de extensão da marca. Por outro lado, os seus opositores apontam que a extensão de marcas, em certas situações, pode causar sérios prejuízos à empresa e inevitáveis perigos às suas marcas. Na verdade, as extensões têm-se mostrado prejudiciais naqueles casos em que as qualidades e atributos básicos da marca não são corretamente compreendidos. Foi o que ocorreu na década de 50, quando a Rolls-Royce forneceu motores para a montagem do Austin Princess, uma limusine fabricada pela Austin e vendida a preços acessíveis. A Austin foi autorizada a usar o nome Rolls-Royce para promover o novo modelo, mas a associação revelou-se um grande fracasso, na medida em que enfraqueceu a marca Rolls-Royce e ainda não mereceu credibilidade por parte dos consumidores a aproximação da Rolls-Royce com a Austin.

Para prevenir eventuais riscos e danos à marca, Murphy (1990: 112) prescreve que um fator-chave na extensão da marca é ter um quadro real dos valores, qualidades e atributos da marca e saber explorar tais elementos de forma aceitável e consistente com a personalidade dela:

"Do mesmo modo, as características de sofisticação, estilo e engenharia de precisão do carro Porsche podem ser plausivelmente transpostas para relógios Porsche, óculos de sol Porsche, e até mesmo para roupas, máquinas fotográficas e malas

Porsche. Qualquer extensão do nome Porsche que mantenha os atributos essenciais de estilo, sofisticação e alta qualidade são apropriados e merecem credibilidade, além de tudo podem servir para desenvolver a marca e não para prejudicá-la".

Posteriormente, quanto mais a marca for generalizada estendendo-se para novas áreas, torna-se necessário preservar sua identidade visual para garantir sua integridade em todos os níveis da extensão. As manifestações visuais da marca precisam ser rigorosamente controladas para que todos os produtos sejam facilmente distinguíveis, ainda que, ao mesmo tempo, seja mantida a coerência global da marca. A advertência de Murphy (1990: 114) é bastante esclarecedora: se não for desenvolvido um sistema visual adequado, a extensão pode acarretar uma fragmentação da personalidade e da identidade da marca, a qual pode afetar seriamente o seu valor e força intrínsecos.

Estratégia de marcas múltiplas

Com a estratégia de marcas múltiplas, a empresa desenvolve duas ou mais marcas que concorrem entre si. Essa estratégia foi empregada pioneiramente nos Estados Unidos, pela Procter & Gamble, em 1950. Depois do lançamento do detergente Tide, marca que alcançou extraordinário sucesso de vendas, a P&G introduziu a Cheer, sua segunda marca de detergente. Embora a Cheer tenha causado uma queda de vendas da Tide, o volume de vendas das duas marcas mostrou-se maior do que o volume inicial conseguido pela marca Tide.

Mesmo assim, o principal cuidado a tomar na estratégia de marcas múltiplas é evitar a dispersão de recursos no lançamento de determinado número de marcas, em que cada uma obtenha uma pequena participação do mercado e nenhuma seja particularmente lucrativa. Observada esta restrição, o emprego de marcas múltiplas é uma estratégia que traz inúmeras vantagens em nível do ponto-de-venda, do consumidor e da própria organização. Pela introdução de marcas múltiplas, o fabricante tem a possibilidade de conseguir maior espaço de exposição no ponto-de-venda, o que pode resultar em espaço menor a ser destinado pelo varejista aos produtos concorrentes. A estratégia de marcas múltiplas permite conquistar os consumidores inovadores, que são pouco leais às marcas por gostarem de experimentar novidades. Essa estratégia também dá à empresa a oportunidade de atender diversos segmentos de mercado, atraindo novas classes de consumidores, mesmo que as diferenças existentes entre as marcas sejam pequenas.

A organização pode se beneficiar internamente da estratégia de marcas múltiplas. A concorrência entre as marcas individuais constitui um fator de motivação e estímulo para o pessoal envolvido com a gerência das diferentes marcas e, se ela for bem conduzida, pode aumentar a eficiência dentro da própria organização. A política de marcas de uma empresa ainda pode dispor de estratégias específicas para a conquista de novos segmentos ou nichos de mercado. Com este propósito, Cobra (1984: 397) menciona duas estratégias particulares: o *trading-up* e o *trading-down*.

O *trading-up* ocorre quando o novo produto ou marca é lançado para a empresa concorrer em uma faixa superior do mercado. A Toyota, conhecida marca japonesa de jipes e veículos robustos, promoveu o *trading-up* com o recente lançamento da linha Lexus, automóveis de luxo dirigidos ao consumidor de alto poder aquisitivo, que tem abocanhado fatias de mercado da Mercedes-Benz e da BMW nos Estados Unidos.

O *trading-down* é o inverso do *trading-up*, quando uma empresa com uma linha superior de produtos ou uma marca de prestígio introduz uma linha popular no mercado. A *griffe* Cartier foi bem-sucedida com a massificação da linha "Les Must de Cartier", composta de echarpes, carteiras de couro, isqueiros e canetas, que passaram a competir com os tradicionais relógios e jóias de alto luxo. Entretanto, nos casos de *trading-down*, geralmente, é empregada uma nova marca nominal individual para não colocar em risco a identidade da marca tradicional.

Capítulo 2

MARCAS CORPORATIVAS
E IDENTIDADE VISUAL

Nos primeiros tempos, muitas das grandes corporações usaram, nos diferentes países em que atuavam, uma multiplicidade de nomes e identidades para suas subsidiárias e respectivos produtos e serviços. Entretanto, gradativamente, as corporações foram percebendo que desenvolver uma única marca e uma identidade clara e coerente para a organização como um todo era a melhor maneira de criar uma impressão global nos seus públicos.

Assim, as marcas corporativas guardam uma estreita relação com os programas de identidade visual. Mais ainda: no entendimento de Diefenbach (1987: 156), um programa de identidade corporativa não é mais do que a embalagem e a marca de toda uma companhia. Como uma embalagem, a identidade configura os ingredientes da corporação e possibilita sua comunicação para os mercados e públicos-alvos. Como uma marca, a identidade corporativa diferencia a empresa de modo positivo e memorável, projetando assim uma personalidade única e posicionando adequadamente a companhia no mercado.

AKZO: A MARCA CORPORATIVA COMO AGENTE UNIFICADOR

O processo de transformação da Akzo, descrito por Olins (1990: 37-42), ilustra como uma série de companhias atuando no setor de química decidem em dado momento trabalhar como um grupo e passam a dividir a mesma identidade, valores e missão. Todo o processo de busca de uma identidade comum e de uma personalidade própria para o grupo encontrou na logomarca um dos seus melhores elementos de expressão.

A Akzo foi fundada em 1969, como resultado de uma série de fusões e aquisições de companhias instaladas em diferentes lugares, algumas delas com origem remontando ao século XVIII. A sede da organização está localizada em uma pequena cidade no interior da Holanda, Arnhem, próxima da fronteira alemã, mais conhecida por ter sido cenário de uma batalha durante a Segunda Guerra Mundial. A Akzo tem o seu escritório central instalado em um edifício simples, construído nos anos 60, ao lado de uma de suas fábricas.

29

Todos os escritórios principais que controlam as suas diversas unidades de negócios estão espalhados por toda a Holanda, em prédios bem modestos e despretensiosos. A Akzo é, assim, totalmente fragmentada, resultado de uma política administrativa de atribuir um alto valor à descentralização.

Muitos valores do povo holandês — como o pragmatismo, a teimosia, a persistência e a valorização do espírito empreendedor — impregnam fortemente a cultura da organização, que abre um grande espaço para as realizações e conquistas no plano individual. A maioria das unidades operacionais da Akzo possuía forte identidade individual, derivada de sua própria história. As marcas Organom, de produtos farmacêuticos, Sikkens, de tintas, e Enka, de fibras têxteis, por exemplo, eram nomes mais conhecidos nos seus campos de atuação do que a própria Akzo.

Na década de 70, a Akzo atravessou um período de difícil crise financeira, no qual se evidenciou a ausência de uma estrutura que promovesse a integração das funções administrativas. Por sinal, a única função que merecia uma coordenação centralizada era a de Finanças, enquanto Pesquisa e Desenvolvimento eram geridas pelas unidades com pequena participação central. O recrutamento e treinamento de pessoal era dividido pela Akzo com cada uma de suas unidades. Esse grau de descentralização da organização trouxe inúmeros problemas. As oportunidades de desenvolvimento de novos produtos eram inibidas pela independência de ação de cada unidade, sofrendo assim o grupo como um todo pela falta de coesão. Cada divisão desejava recrutar os melhores profissionais e não cedia seus recursos humanos em favor de outra. Quando a situação financeira da Akzo melhorou, as oportunidades de aquisição de novas companhias eram prejudicadas porque nenhuma delas queria se juntar a uma organização da qual nunca ouviram falar.

O anonimato da Akzo começou a ser visto pela administração central como uma grande desvantagem, nascendo daí a idéia de estruturar o grupo com uma identidade clara, um enfoque mais preciso na missão da organização e uma cultura a ser dividida com todas as áreas de negócio. Nesse momento, percebeu-se claramente a necessidade de uma identidade para toda a empresa, que tornasse sua nova estratégia visível e conhecida por todos os públicos de interesse. Para desenvolver efetivamente a reestruturação, três objetivos foram estabelecidos. O primeiro era fortalecer as atividades de negócios fundamentais da organização; o segundo, desenvolver novas atividades; o terceiro, gerar um enfoque global na missão da empresa. A partir daí, várias questões deviam ser respondidas: Qual era a personalidade da Akzo como um todo? Qual seria a sua posição diante das outras companhias químicas? Quais eram os seus pontos fortes e fracos?

Diversas pesquisas e discussões de grupo foram realizadas com a ajuda de consultores externos. Os executivos avaliaram suas atitudes perante suas próprias unidades e perante as outras divisões e o grupo como um todo. Concorrentes, compradores, analistas financeiros, jornalistas e outros públicos de interesse manifestaram seus pontos de vista a respeito da organização. Como resultado desse esforço, começou a emergir um perfil da personalidade da

Akzo. Uma companhia considerada diferente das demais empresas químicas holandesas, por ser provinciana, mas também extremamente ambiciosa, determinada e pragmática. Um grupo feito de partes e subpartes, com uma forte disposição para estimular e desenvolver as iniciativas individuais.

Após a identidade da Akzo tornar-se definida, a administração iniciou um programa para poder exprimir essas idéias internamente e para seus públicos externos: compradores, fornecedores, analistas financeiros, colaboradores, políticos, sindicatos e comunidade local. As mudanças no sistema de nomenclatura deram o devido destaque ao nome Akzo, já que os nomes das unidades foram organizados para não se sobreporem à marca corporativa. A estrutura fortemente descentralizada da Akzo foi preservada, mas o programa de identidade corporativa foi ligado tanto a um programa de desenvolvimento gerencial, destinado a melhorar a qualidade e a flexibilidade da administração, como a um maior comprometimento com as atividades de Pesquisa e Desenvolvimento.

Faltava então para a Akzo considerar como concretizar uma idéia da mesma de modo que a organização como um todo e seus produtos pudessem ser reconhecidos a qualquer tempo e em qualquer situação. O problema de como comunicar a nova identidade foi resolvido por meio da mais simples e mais poderosa forma de representação: o simbolismo gráfico. O novo símbolo da Akzo expressa a natureza realizadora da organização e foi baseado em um baixo-relevo criado na Grécia por volta do ano 450 a. C., pertencente ao acervo do Museu Ashmolem. O baixo-relevo original foi adaptado pelos *designers,* para que o homem da Akzo (*Figura 2*) demonstre força sem ser assustador, não pareça nem jovem nem velho, e também não se distingua nele características étnicas.

Figura 2
O HOMEM DA AKZO

Hoje, o símbolo da Akzo está presente em produtos e embalagens, nas fábricas, armazéns e depósitos, nos uniformes e na frota de caminhões, na literatura técnica e nos impressos. Todas essas figurações significam oportunidades para a organização manifestar-se e sustentar sua nova identidade corporativa, como Olins (1990: 42) sugere:

"Para a Akzo, o programa de identidade representou um passo importante para o desenvolvimento e crescimento do grupo. A identidade foi o principal instrumento usado para posicionar a companhia e para introduzir e administrar a mudança. A estratégia corporativa e a estrutura corporativa da Akzo tornaram-se visíveis para todo o mundo ver. A Akzo é um modelo de processo de identidade".

O CONCEITO DE IDENTIDADE CORPORATIVA

A empresa moderna é uma estrutura que se torna cada vez mais complexa pela diversificação de seus negócios. Ela também caminha para a globalização, como as multinacionais, que operam em escala mundial defrontando-se com as mais variadas culturas. Obrigadas por esses dois motivos a descentralizar a administração de suas operações, as organizações procuram uma identidade comum. A marca corporativa e o logotipo são elementos-chave para o estabelecimento de uma identidade, mas não são os únicos. O conceito de Diefenbach (1987: 156) expressa a abrangência dos elementos de um programa de identidade corporativa:

"Um programa de identidade corporativa é essencialmente um 'sistema' — um sistema cuidadosamente projetado de todos os elementos visuais que servem como ponto de contato com os diversos públicos".

Segundo Olins (1990: 29), a identidade corporativa mantém uma relação mais próxima com quatro áreas principais de atividades: os *produtos e serviços* que são fabricados ou vendidos, o *ambiente* onde eles são produzidos ou vendidos, a *comunicação* da empresa e dos seus produtos e serviços, e o *comportamento* das pessoas em sua interação no interior da organização e delas com os agentes externos. Todas essas áreas comunicam idéias a respeito da companhia, embora existam diferenças de nível, conforme a modulação dada a cada uma das atividades.

Em algumas empresas, o *produto* torna-se o mais importante elemento no *mix* de identidade. Como ele funciona, quanto custa, sua qualidade intrínseca, entre outros, são os fatores que condicionam amplamente a identidade de empresas como a Parker, Sony e a Mercedes-Benz. O varejo e a indústria do lazer, por sua vez, são os setores de negócios em que o *ambiente* determina de maneira predominante a identidade da organização como um todo. Nos hotéis Holliday Inn, por exemplo, cada estabelecimento oferece aos hóspedes acomodações, decoração, alimentação, bebidas e serviços que obedecem a um mesmo padrão e representam o estilo "Holliday Inn" em toda a rede.

Outras identidades são construídas pela *comunicação* feita para o produto, que geralmente não apresenta características próprias ou uma personalidade distinta. Especialmente a publicidade influencia e cria a imagem de muitos produtos de consumo, como a Coca-Cola, cujo sucesso mundial pode seguramente ser creditado aos grandes investimentos destinados à comunicação durante longo tempo. Neste caso, a identidade, que é uma realidade objetiva, é substituída pela imagem, uma percepção formada com base naquilo que a publicidade imagina que o produto seja ou deva ser.

Principalmente no setor de serviços, o *comportamento* é um indicador bastante significativo da identidade de uma organização. A maneira como a empresa se comporta com seus funcionários e com todos aqueles com os quais mantém contato determina a sua reputação. Por sua natureza, os serviços são de difícil padronização e, assim, o sucesso da empresa vai depender fundamentalmente de como os indivíduos que a representam comportam-se no contato pessoal que irão manter com cada consumidor.

CATEGORIAS DE IDENTIDADE CORPORATIVA

As organizações dispõem de inúmeros modos de expressar sua estrutura, que acabam evidenciados no programa de identidade corporativa adotado, já que a identidade pode ser vista como um instrumento da administração, na medida em que define as relações dentro da organização e torna visível o propósito da corporação. De maneira geral, a estrutura das identidades pode ser dividida em três categorias: *monolítica, de endosso e por marcas*. Nenhuma delas pode ser considerada superior à outra, pois cada uma apresenta suas vantagens e desvantagens, que são examinadas a seguir.

Identidade monolítica
A empresa usa um único nome e estilo para todas as aplicações. O nome corporativo figura em todos os seus produtos e serviços, além de a marca ser empregada como instrumento básico de comunicação em todos os níveis e para todos os públicos.

A Mitsubishi, IBM e Shell são companhias que, ao longo de muitos anos, têm investido elevadas somas para sustentar uma identidade coerente da organização como um todo. Essa identidade visual permite que os consumidores tenham uma noção clara do que podem esperar da empresa em termos de produto, serviços, preços, qualidade e muitos outros benefícios. A familiaridade ensejada pela identidade corporativa única também influencia fortemente os demais públicos da organização.

Fonte: Adaptado de OLINS, Wally. *Corporate identity*; making business strategy visible through design. Boston, Massachusetts, Harvard Business School Press, 1990, p. 79.

A longevidade é uma característica própria da identidade monolítica. Muitas empresas mantêm por longo tempo as suas identidades, apenas submetidas regularmente a modificações que visam a atualizá-las, sem que se altere os seus elementos básicos. Murphy (1990: 46-47) ainda pondera que a abordagem monolítica é mais comum quando as atividades e os mercados da empresa são um tanto homogêneos (caso dos bancos e das companhias aéreas e petrolíferas), ou quando a organização experimentou ao longo de sua existência um crescimento orgânico, que resulta em uma cultura organizacional única, bastante propícia a essa estratégia.

A identidade monolítica tem como desvantagem sua relativa falta de flexibilidade. No caso da IBM, uma organização tipicamente monolítica, a excessiva dedicação aos computadores de grande porte impediu o desenvolvimento de personalidades de marca distintas e abriu espaço para que os concorrentes surgissem e ocupassem o nicho de mercado para microcomputadores. Isso dez anos depois de a IBM ter criado o PC,* o computador pessoal de maior sucesso na história da informática.

Identidade de endosso

As unidades e subsidiárias recebem o endosso da organização por meio da marca e da identidade corporativas. O endosso não impede que os produ-

---

*Com um programa de profundas reformulações, iniciado em dezembro de 1991, a IBM está descentralizando suas atividades em nível mundial e criando novas unidades de negócios, como a Personal Computer Company. A PC Company foi formada para projetar, fabricar e comercializar três linhas de microcomputadores: a PS/1, para usuários domésticos e profissionais liberais; a PS/1 Value Point, com versões mais baratas; e a linha ThinkPad, de micros portáteis. Dotada de maior autonomia e, conseqüentemente, mais ágil do que a Big Blue, a PC Company está preparada para enfrentar concorrentes de primeira linha, com a Apple, Compaq, Dell e Digital.

tos e serviços desenvolvam personalidades próprias e distintas. A marca corporativa funciona como um "guarda-chuva" que protege e transfere valor para a marca individual.

Figura 4
ESTRUTURA DA IDENTIDADE DE ENDOSSO

Fonte: Adaptado de OLINS, Wally. *Corporate identity*; making business strategy visible through design. Boston, Massachusetts, Harvard Business School Press, 1990, p. 79.

A General Motors, Ford e American Express fazem uso da identidade de endosso. As suas partes individuais são facilmente identificadas (como as divisões Chevrolet, Pontiac e Buick da GM), mas também são vistas como componentes de um todo mais amplo. As companhias que projetam uma identidade por endosso apresentam certas características comuns. Geralmente elas cresceram por meio da aquisição de outras empresas que possuíam seu próprio nome e cultura. Ao mesmo tempo que procura preservar as tradições e a reputação das marcas e companhias adquiridas, a organização central deseja sobrepor seu estilo de administração e o nome corporativo nas subsidiárias. No caso específico da comunidade financeira e dos seus fornecedores, a organização vai enfatizar a uniformidade e a consistência em vez da diversidade, buscando impressionar esses públicos com seu tamanho e força.

A grande diversificação de negócios é outra particularidade das organizações com identidade de endosso. Elas chegam a atuar como fabricantes, atacadistas, varejistas e até fornecedoras de componentes para empresas concorrentes, operando portanto em uma faixa ampla de atividades. Às vezes, a organização possui subsidiárias com linhas de produto concorrentes, que acarretam inevitáveis problemas com fornecedores, consumidores e até mesmo com os empregados.

A principal dificuldade na identidade de endosso reside na sua execução. Ela exige habilidade para obter uma composição ideal entre as duas personalidades de marca, além do tino necessário para que a personalidade da nova marca não traga confusão ou danos para a marca corporativa.

Identidade por marcas
A identidade por marcas implica a operação da empresa por meio de uma série de marcas que não se relacionam entre si ou com a organização. Neste sistema, a marca é usada como o único meio de comunicação com o consumidor, restringindo-se o emprego da marca corporativa à comunicação com um público determinado, como os investidores.

Figura 5
ESTRUTURA DE IDENTIDADE POR MARCAS

Fonte: Adaptado de OLINS, Wally. *Corporate identity*; making business strategy visible through design. Boston, Massachusetts, Harvard Business School Press, 1990, p. 79.

Empresas como a Unilever e Procter & Gamble praticam a estratégia de identidade por marcas, separando assim a organização dos produtos que fabricam, os quais são promovidos individualmente. A grande força das marcas de consumo provém de serem cuidadosamente criadas para atrair um grupo determinado de pessoas, estando impregnadas com um poderoso e complexo simbolismo dirigido a um mercado específico.

PROCESSO DE CRIAÇÃO DO SISTEMA DE IDENTIDADE CORPORATIVA

Os elementos de um sistema de identidade visual — as marcas, símbolos e logotipos, as instalações, os produtos e embalagens, as vitrinas e *stands*, entre outros — constituem o que chamamos anteriormente de *mensagens visuais*. Essas mensagens visuais transmitem significados por meio da denotação, que manifesta o conteúdo imediato da mensagem, e da conotação, que exprime os valores subjacentes da mensagem visual, a exemplo dos apelos emocionais de um anúncio ou a idéia de *status* de um produto. Toda organização precisa controlar e consolidar os valores conotativos corretos de suas mensagens visuais, criando significados coerentes com os objetivos da empresa. As mensagens visuais têm, portanto, a dupla função de projetar (para o público interno) e de comunicar (para os públicos externos) seus objetivos, sua cultura e personalidade.

A necessidade de um sistema de identidade corporativa surge, inevitavelmente, de transformações provocadas por fatores internos ou externos. No plano interno, a empresa pode, em um dado momento, diversificar suas atividades, reestruturar unidades de negócios ou implantar planos de expansão. No plano externo, as causas mais comuns são as fusões e incorporações que a companhia tenha feito ou sofrido, a mudança do nome da empresa, a situação econômica e política do país ou as alterações no mercado para determinado produto ou serviço. Seja qual for o motivo, essas transformações acarretam mudanças na personalidade da organização e, conseqüentemente, o programa de identidade corporativa em uso não expressa a nova realidade.

Outra possibilidade, não menos comum, é a exigência de um sistema de identidade pela constatação da desordem existente nas mensagens visuais da empresa. Não há uma padronização: o nome da companhia, por exemplo, tem uma figuração diferente em cada aplicação. Por sua vez, as cores que identificam a organização não são reproduzidas nas tonalidades corretas. Com a ausência de normalização, as divisões e departamentos multiplicam, cada um a seu modo, os elementos visuais da empresa que aparecem fragmentados. Tudo isso transmite uma idéia de desorganização e ineficiência junto aos seus públicos, tanto internos como externos.

Etapas da criação da identidade corporativa

A criação, o desenvolvimento, a implantação e a normalização da nova linguagem visual recebe o nome de Programa de Identidade Corporativa. Rezende (1979: 29) identificou quatro etapas na sua realização. A primeira é a **pesquisa e definição de diretrizes**; a segunda, a **criação da nova linguagem visual**; a terceira, o **desenvolvimento de novas mensagens visuais**; a quarta, a **normalização e padronização**.

1ª ETAPA — Pesquisa e definição de diretrizes
O primeiro passo a ser dado para o início do processo de criação da identidade é a seleção de uma equipe de consultores externos. O exame dos candidatos deve levar em conta, principalmente, sua experiência e capacidade de trabalho, a reputação da consultoria, a metodologia a ser adotada e uma proposta de trabalho que discrimine o programa a ser desenvolvido, prazos, produtos finais e custos. Após a contratação da equipe de consultores, o trabalho de criação começa com uma extensa série de pesquisas e auditorias para o diagnóstico e levantamento da situação, seguida por um relatório com análises e recomendações, que vão constituir as diretrizes do Programa de Identidade Corporativa.

Pesquisa de diagnóstico e auditoria

A pesquisa interna é feita por meio de entrevistas com executivos de vários níveis e das diferentes unidades e localidades em que a empresa tenha instalações. A intenção do diagnóstico é descobrir como a organização é percebida pelos diferentes grupos, sendo fundamental que os entrevistados tenham total liberdade de falar a verdade sobre a empresa. Externamente, as pesquisas têm como entrevistados os representantes dos públicos que se relacionam direta e indiretamente com a organização: acionistas, investidores, jornalistas, instituições financeiras e bancárias, compradores, fornecedores, sindicatos e governo. O propósito também é saber como estas pessoas e instituições percebem a companhia e o nível de informação que elas têm a respeito da organização.

Enquanto as pesquisas mostram o que é percebido, as auditorias de comunicação, de *design* e de comportamento são significativas para mostrar por que estas percepções existem (cf. Olins, 1990: 161).

Auditoria de comunicação: procede a um levantamento das funções, tipos, estratégias, técnicas e processos de comunicação que a empresa emprega para se comunicar interna e externamente. Muitas companhias direcionam elevados investimentos para a comunicação com grupos de interesse mais imediato, como os consumidores e distribuidores, e relegam a segundo plano os demais públicos. A forma e o conteúdo dos materiais de comunicação — anúncios, folhetos, catálogos, manuais, vídeos — são analisados e discutidos com os responsáveis por sua produção para determinar em que extensão há uma política de comunicação e quais os procedimentos formais e informais usados para avaliar seus resultados. No final, a auditoria verifica até que ponto a comunicação é satisfatória e indica, se for o caso, em que ela precisa mudar.

Auditoria de design: examina de que maneira as diferentes partes da companhia se apresentam visualmente e como se relacionam com o todo. A análise é feita pelo estudo e documentação do *design* de suas fábricas, depósitos e armazéns, dos produtos e embalagens, e do material gráfico em geral. No caso da papelaria, cabe aos *designers* verificar sua consistência em termos de estilo e qualidade, a clareza e a simplicidade do texto dos manuais e, no geral, se todo o material pode de alguma maneira ser identificado como proveniente daquela companhia.

Auditoria de comportamento: analisa como as partes da organização se relacionam entre si, com a organização como um todo e com os seus públicos. As manifestações do comportamento das organizações são bastante variadas. Elas podem ser vistas, concretamente, no modo como a telefonista atende a uma chamada, na decoração e no estado das instalações da portaria e da recepção e na maneira como são recebidas e encaminhadas as reclamações dos consumidores. É possível saber muito sobre o comportamento da organização, apenas olhando o ambiente e observando a conduta do seu pessoal.

Diretrizes do programa de identidade

A primeira etapa do processo encerra-se com a elaboração de um relatório que procede a uma análise da situação e estabelece as diretrizes do Programa de Identidade Corporativa. O relatório deve ser estruturado para conter, no mínimo, um resumo das informações sobre os negócios, a personalidade e a cultura da organização; a definição das necessidades de comunicação da empresa; a relação dos objetivos estabelecidos para a identidade; e o planejamento minucioso do desenvolvimento do novo Programa de Identidade Corporativa. A apresentação do relatório para os membros da diretoria, gerentes e demais escalões da empresa deve ser clara e objetiva. Olins (1990: 163) sugere que as exposições se atenham a responder às seguintes questões:

"Primeira: Como a organização é percebida pelos diferentes grupos de pessoas com os quais ela se relaciona?
Segunda: Por que ela é percebida desta maneira?
Terceira: Quais são os propósitos e aspirações da organização?
Quarta: Como uma nova identidade pode ajudar a organização a atingir os seus propósitos?"

2ª ETAPA — Criação da nova linguagem visual

Na segunda etapa tem lugar o desenvolvimento do projeto dos elementos básicos da nova linguagem visual. Rezende (1979: 29) denominou estes elementos Código de Identidade Visual, assim conceituado:

"Um sistema de signos visuais e suas regras básicas de uso que caracterizam, distinguem e coordenam a identificação de uma empresa".

Os componentes do Código de Identidade Visual são: marca, símbolo ou logotipo, a tipologia e o esquema de cores. Eles constituem a assinatura da empresa e são responsáveis pela identificação visual da organização. Vamos examinar suas principais características.

Marcas, símbolos e logotipos

Muitas companhias costumam revisar regularmente sua identidade, alterando a forma dos seus símbolos para mantê-los atualizados ou modificando a tipologia e as cores, mas os elementos visuais básicos se mantêm durante longo tempo, de uma forma ou outra. Em certas ocasiões, é preciso trocar os nomes corporativos, e isso obriga a empresa a elevados investimentos em dinheiro e implica muitas questões de ordem legal e logística. Além disso, é preciso enfrentar a resistência natural das pessoas à mudança.

Tanto no desenvolvimento de uma nova marca corporativa como na sua atualização, deve-se levar em conta o seu papel de agente unificador no contexto do programa de identidade. O sinal gráfico exclusivo que vai distinguir a empresa das demais pode assumir seis formas básicas, que são: selo, monossselo, monograma, logotipo, símbolo e pictograma.

Figura 6
TIPOS DE MARCAS CORPORATIVAS

Selo

Monosselo

Monograma

Logotipo

Símbolo

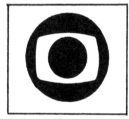
Pictograma

Selo: um nome ou um conjunto de palavras inscrito em uma forma determinada de fundo. Exemplos: Ford, Kodak, Itaú.
Monosselo: uma inicial ou conjunto de iniciais inscritas em uma forma determinada de fundo. Exemplos: Volkswagen, GE, Westinghouse.
Monograma: as iniciais do nome da empresa usadas de forma única, exclusiva e padronizada. Exemplos: IBM, RCA, CESP.
Logotipo: o nome da companhia escrito de uma forma única e padronizada. Exemplos. Eaton, Banespa, Comgás.
Símbolo: é um sinal gráfico, geométrico ou não, que representa a companhia por convenção. Exemplos: Chrysler, Mercedes Benz, VARIG.
Pictograma: é um sinal gráfico que, por analogia, sugere as atividades da companhia. Exemplos: Shell, Telesp, Rede Globo.

Tipologia
A tipologia tem por funções assegurar legibilidade e garantir a coerência e a uniformidade das mensagens visuais da empresa. Assim, cabe ao *designer* indicar um alfabeto-padrão, ou seja, uma família tipográfica, que corresponda a um desenho básico e suas variações em estilo (redondo ou normal, grifo, negrito, largo, condensado) e tamanho. Ele também deve considerar que cada tipo de letra exerce uma ação psicológica variável, evocando sentimentos como peso, rigidez, leveza, alegria e movimento, que vão contribuir e influenciar

decisivamente na construção da personalidade da empresa. Nos últimos anos, os *designers* desenvolveram inúmeras formas novas de tipos, para transmitir determinada sensação ou provocar certo impacto. Graças a estas formas torna-se possível produzir imagens cada vez mais complexas e ousadas para resolver um problema gráfico.

Esquema de cores

O terceiro componente do Código de Identidade Visual é a cor ou combinação de cores que, devidamente padronizadas, contribuem para a identificação da empresa. O simbolismo das cores varia de uma cultura para outra. No Ocidente, o branco indica pureza e limpeza, mas, no Oriente, é a cor do luto. Já o verde simboliza o movimento ecológico, em diversos países do mundo, enquanto no Brasil é bastante usado para sugerir o frescor dos alimentos e, nos países muçulmanos, é uma cor sagrada, que aparece com destaque em diversas bandeiras nacionais. Impregnadas de forte simbolismo e com possibilidade de criar associações fortes, as cores precisam ser utilizadas adequadamente pelas organizações para virem a constituir fatores de expressão da identidade, a exemplo das marcas corporativas e da tipologia.

Assinatura corporativa

A assinatura corporativa é a síntese de todo o processo de criação da nova linguagem visual, agrupando os componentes do Código de Identidade Visual. A sua aplicação obedece a regras de composição previamente determinadas e constantes no Manual de Identidade Corporativa da companhia.

3ª ETAPA — Desenvolvimento de novas mensagens visuais

O Código de Identidade Visual é o ponto de partida nesta fase para o projeto, execução e implementação da identidade visual em todos os demais subsistemas de mensagens visuais existentes na empresa. Os elementos gráficos básicos — a marca corporativa, a tipologia e o esquema de cores — precisam ser codificados para que possam funcionar efetivamente em cada tipo de aplicação. A quantidade de itens nos quais estes elementos serão aplicados é enorme. Os usos mais comuns (*Tabela 2*) dizem respeito aos produtos e serviços, ambiente, pessoal, impressos e formulários, promoção, *merchandising* e transporte.

4ª ETAPA — Normalização e padronização

Todo programa de identidade corporativa tem um manual, que serve como guia para a execução e manutenção do sistema. É praticamente impossível gerenciar um programa sem um manual de estilo, já que, geralmente, mais de um departamento está envolvido em requisitar, especificar ou produzir itens que levam a identidade corporativa. Daí tornar-se obrigatória a existência do guia, para assegurar uma padronização.

Tabela 2

ITENS PARA APLICAÇÃO DOS ELEMENTOS GRÁFICOS

PRODUTOS E SERVIÇOS	*Design* do produto. Embalagens, etiquetas e rótulos. Embalagem de transporte. Manual de funcionamento e uso. Instruções de instalação.
AMBIENTE	Fachada e interior de escritórios, fábricas, armazéns e depósitos. Equipamentos e mobiliário. Sinalização interna e externa.
PESSOAL	Uniformes. Crachás. Capacetes de segurança. Aventais.
IMPRESSOS E FORMULÁRIOS	Papel carta e ofício. Memorando. Circular. Cartões. Etiquetas de endereçamento. Envelopes. Formulários de contabilidade e vendas. Fichas de registro de pessoal. Formulários contínuos. Publicações empresariais. Laudas.
PROMOÇÃO E MERCHANDISING	Bandeirolas. *Displays*. *Showrooms*. *Stands*. Brindes. Faixas. Placas. Painéis luminosos.
TRANSPORTE	Veículos de carga. Veículos de assistência técnica e do pessoal de vendas. *Containers*.

O Manual de Identidade Corporativa, como é chamado, tem seu conteúdo determinado pelas necessidades da companhia. Normalmente, ele deve tentar cobrir cada possível uso da marca corporativa, mostrando o que deve e o que não deve ser feito. Os manuais geralmente começam com uma carta do presidente da organização, que tem o propósito de assegurar que o programa seja cumprido seriamente, por evidenciar o apoio da alta administração. Nesta carta, alguns parágrafos explicam por que a companhia implementou o programa e mostram a importância de seguir estritamente suas disposições e recomendações. Na seqüência, o manual apresenta os componentes básicos da identidade corporativa e as regras gerais de composição. No final, são detalhadas as características e padrões de cada subsistema, com amostras de suas aplicações.

Depois de codificados todos os elementos visuais, a organização deve decidir como e quando o programa será implantado. A transformação pode ser processada a curto prazo ou de maneira gradual, em um prazo de médio a longo. Certamente, a decisão deve ser tomada com base nas questões de custo e de logística, que estão associadas a cada opção.

Capítulo 3

BRAND EQUITY E IMAGEM NA VALORAÇÃO DAS MARCAS

O conceito de marca tratado inicialmente — entendida como o nome, sinal, símbolo ou desenho ou sua combinação, que pretende identificar os produtos ou serviços de um vendedor ou grupo de vendedores e diferenciá-los daqueles dos concorrentes —, embora aparentemente completo, está restrito a um plano estático. Hoje, as marcas são mais do que simples nomes.

A marca não existe isoladamente. Murphy (1987: 3) identifica como seus principais componentes o *produto* em si, a *embalagem*, o *nome de marca*, a *publicidade* e a *apresentação* como um todo, sustentando, então, que a marca é a síntese dos elementos físicos, racionais, emocionais e estéticos nela presentes e desenvolvidos através dos tempos.

Uma marca passa a significar não apenas um produto ou serviço, mas incorpora um conjunto de valores e atributos tangíveis e intangíveis relevantes para o consumidor e que contribuem para diferenciá-la daquelas que lhe são similares. Assim, ao adquirir um produto, o consumidor não compra apenas um bem, mas todo o conjunto de valores e atributos da marca. O consumidor de produtos Nestlé, por exemplo, evoca nos produtos da marca valores como saúde, qualidade, sabor e, acima de tudo, a confiança que deposita na empresa.

A relação é bilateral: a marca tanto ganha quanto empresta um valor ao produto. Ganha valor do consumidor, pelo próprio valor de segurança que a marca tem em resolver da melhor maneira possível o problema da relação qualidade/preço/tempo para o consumidor. E empresta valor ao produto, porque traz em seu bojo um histórico das suas relações com o consumidor, consubstanciado em uma síntese das suas experiências anteriores, em termos do binômio custo/benefício proporcionado pela marca (cf. Centenaro e Sampaio, 1990: 26).

A gestão de marcas constitui o grande desafio que se apresenta aos especialistas de marketing e de comunicação na década de 90. Como um campo novo do marketing, ela tem a responsabilidade de desenvolver e manter determinado conjunto de valores e atributos construindo uma imagem de marca que se mostre coerente, apropriada e atrativa ao consumidor e que contribua para o estabelecimento da *brand equity*, como valor financeiro da empresa e como valor agregado à marca.

BRAND EQUITY: O VALOR PATRIMONIAL DAS MARCAS

O conceito de *brand equity* começou a tomar forma no final dos anos 80, quando ocorreram freqüentes e repetidas compras e fusões de grandes grupos multinacionais (*Tabela 3*), envolvendo marcas bastante conhecidas e um alto volume de investimentos.

A avaliação das marcas para finalidades financeiras teve como pioneiro o empresário australiano Rupert Murdoch, que em 1984 mandou estimar o valor das marcas dos títulos de jornais e revistas publicados por sua companhia para incluir o montante nos balanços contábeis e, assim, oferecê-lo como garantia dos empréstimos que levantou para dar início ao seu império mundial de comunicação.

Tabela 3
AQUISIÇÕES DE COMPANHIAS NO SETOR DE ALIMENTOS E BEBIDAS

Comprador	Companhia adquirida	Marcas envolvidas	Data de aquisição
R. J. Reynolds	Nabisco	Ritz	1985
Guinness	Arthur Bell	Bell's	1985
Philip Morris	Distillers	Johnnie Walker, White Horse, Gordon's	1986
Cadbury Schweppes	Poulain	Chocolate Poulain	1987
Seagram	Martell	Conhaque Martell	1988
Nestlé	Rowntree	Kit-Kat, Rolo, Quality Street	1988
KKR	RJR Nabisco	Winston, Camel, Benson and Hedges, Nabisco	1988
Mitsubishi	Princes/Trex	Princes, Trex	1989
PepsiCo	Smitpotate	Smiths, Walkers	1989
Cadbury Schweppes	Crush	Crush, Gini, Hires	1989

Fonte: Adaptado de MURPHY, John M. *Brand strategy*. Nova York, Prentice Hall, 1990, p. 155.

Nos Estados Unidos, a Philip Morris comprou a Kraft pagando US$ 1 bilhão pelo patrimônio ativo da empresa e mais US$ 11 bilhões pelas 55 marcas de propriedade da companhia. A maior operação ocorreu em 1988, quando a Krohlberg, Kravis, Robert & Company (KKR) adquiriu a RJR Nabisco por US$ 24,5 bilhões. Nascia assim a preocupação das empresas em fixar o valor patrimonial das marcas, consideradas como um dos seus principais ativos, e que ultrapassavam a materialidade dos produtos em negociação e das instalações físicas das empresas.

"A *brand equity* lida com o valor, normalmente definido em termos econômicos, de uma marca, para além do patrimônio físico associado a sua fábrica ou fornecedor" (Biel, 1993: 73).

A tarefa de determinação dos valores das marcas toma como base critérios elaborados pela Interbrand Group, consultoria inglesa especializada na administração de marcas. Os sete pontos estabelecidos pela Interbrand para definir o valor e a força de uma marca são: liderança, internacionalidade, estabilidade, mercado, tendências, suporte e proteção. O sistema de pesos do método RHM,* cujo total é 100, atribui um valor relativo a cada um desses fatores: 25 pontos para a internacionalidade e liderança, 15 pontos para a estabilidade, 10 pontos para o mercado, tendências e suporte, e 5 pontos para a proteção.

Cada fator é mensurado em função dos seus níveis de consistência e perenidade. Desta maneira, a *liderança* da marca em um setor significa maior estabilidade e maior potencial de rentabilidade em relação a seus concorrentes. A *estabilidade* ao longo do tempo garante maior fidelidade do consumidor e, conseqüentemente, maior valor para a marca. O *mercado* é analisado em função de estar sujeito, em maior ou menor grau, a mudanças devido à moda ou inovações tecnológicas, como é o caso, respectivamente, dos mercados de confecções e produtos eletrônicos e dos mercados de alimentos e bebidas. A *internacionalidade* diz respeito à marca ser internacional, nacional ou regional, o que vai constituir motivo para dotar a marca de maior ou menor valor. As *tendências* a longo prazo da marca no mercado indicam sua capacidade de manter a preferência do consumidor e são indicativas de valor. O *suporte* recebido na forma de investimentos mercadológicos ou de outra natureza valoriza a marca em detrimento daquelas que não merecem a atenção continuada dos seus proprietários. A *proteção* da marca mediante registro e eventuais patentes de processos de produção redundam em maior valor para a marca.

---

* O método para a determinação do valor das marcas ficou conhecido pela sigla da Ranks Hovis McDougall (RHM), principal companhia inglesa do setor de alimentos, para a qual o Interbrand Group desenvolveu com sucesso o sistema.

Tabela 4
AS 20 MARCAS INDIVIDUAIS MAIS VALIOSAS

Marca	Empresa	Valor (US$ mi)
Marlboro	Philip Morris	31.217
Coca-Cola	Coca-Cola	24.402
Budweiser	Anhenser-Bush	10.237
Pepsi-Cola	PepsiCo.	9.641
Nescafé	Nestlé	8.465
Kellogg's	Kellogg	8.413
Winston	RJR Nabisco	6.096
Pampers	Procter & Gamble	6.062
Camel	RJR Nabisco	4.410
Campbell	Campbell Soup	3.894
Nestlé	Nestlé	3.732
Henessy	LVMH	2.998
Heineken	Heineken	2.684
Johnnie Walker Red	Guinness	2.641
Louis Vuitton	LVMH	2.604
Hershey	Hershey Foods	2.308
Guinness	Guinness	2.281
Barbie	Mattel	2.217
Kraft	Philip Morris	2.189
Smirnoff	Grand Metropolitan	2.188

Fonte: *Financial World*, 1º de setembro de 1992.

Assim, o valor patrimonial da marca presente no conceito de *brand equity* revela a diferença entre o valor líquido do patrimônio da empresa e o valor pelo qual ela poderá ser vendida. Para Pinto e Troiano (1993: 44), em outras palavras, *brand equity* é o incremento patrimonial que vai se juntar ao patrimônio líquido, perfazendo o valor de venda da empresa e de suas marcas.

BRAND EQUITY: A ADMINISTRAÇÃO DE MARCAS

Pinto e Troiano (1993: 44) reconhecem uma segunda dimensão no conceito de *brand equity*, como conseqüência da administração de marcas propriamente dita, enfatizando a relação da marca com os consumidores:

"Esta segunda dimensão é resultado direto da administração de marketing e, particularmente, de comunicação. A operação de marketing e comunicação é capaz de transformar a existência fria e objetiva de um produto na relação dinâmica e multifacetada de uma marca com seus consumidores (gente)".

Tabela 5
AS 15 MARCAS CORPORATIVAS MAIS VALIOSAS

Empresa	Valor (US$ mi)
Kodak	12.800
Johnson & Johnson	10.819
Michelin	6.545
Gillette	4.495
Goodyear	4.156
L'Oreal	3.694
Avon	2.408
Estee Lauder	1.594
Nike	1.391
Chanel	1.011
Christian Dior	931
Adidas	962
Reebok	902
Polaroid	657
Yves Saint-Laurent	391

Fonte: Adaptado de SOUZA, Marcos Gouvêa e NEMER, Artur. *Marca & distribuição*. São Paulo, Makron, 1993, p. 111.

Trata-se, nesse caso, da dimensão que agrega valor às marcas, obtido pela força e natureza dos sentimentos e significados que o consumidor estabelece na sua relação com elas. A construção do *brand equity* realiza-se, então, pela criação de um conjunto organizado de atributos, valores, sentimentos e percepções que são conectados à marca, revestindo-a de um sentido de valor que ultrapassa o custo percebido dos benefícios funcionais do produto.

As duas dimensões do conceito de *brand equity* — como valor patrimonial de uma marca e mesmo da empresa ou como o valor agregado a uma marca — não são dissociáveis, visto que o valor agregado a uma marca determina, obrigatoriamente, o crescimento do valor patrimonial. Aaker (1991: 16) agrupa os atributos, valores, sentimentos e percepções nos quais a *brand equity* é baseada em cinco categorias: fidelidade à marca, conhecimento do nome de marca e símbolos, qualidade percebida, associações promovidas pela marca e ativos do proprietário da marca.

Fidelidade à marca. Ganhar a fidelidade do consumidor é o objetivo maior de qualquer produto. Enquanto o custo para conquistar novos clientes é elevado, ele é relativamente pequeno para manter os consumidores já existentes, principalmente se eles estão satisfeitos com a marca e demonstram fidelidade. Essa fidelidade dos consumidores diminui a ação dos concorrentes, que se sentem desencorajados a investir recursos para atrair consumidores leais e satisfeitos;

Conhecimento do nome de marca. Uma marca conhecida tem maior possibilidade de ser escolhida, porque o consumidor dá preferência ao produto que lhe é familiar. Em um mercado competitivo, as marcas conhecidas serão aquelas que merecerão a preferência do consumidor, em detrimento de todas as que são desconhecidas;

Qualidade percebida. A percepção global de qualidade associada a uma marca influencia decisivamente nas decisões de compra e na fidelidade à marca, além de possibilitar que a empresa pratique preços *premium* e promova a extensão da marca para outros produtos;

Associações da marca. O valor de um nome de marca pode estar basicamente nas associações estabelecidas para a marca por meio de figuras de propaganda, do testemunho de personalidades ou mesmo de características tangíveis, como a superioridade tecnológica do fabricante, e intangíveis, a exemplo de segurança e prestígio, entre outros;

Ativos do proprietário da marca. Patentes, marcas registradas e relações com os canais de distribuição constituem os demais ativos do detentor de uma marca. Estes ativos podem tomar diferentes formas e devem estar ligados à marca para serem de interesse:

> "Por exemplo, uma marca registrada protegerá a *brand equity* daqueles concorrentes que queiram confundir o consumidor com o uso de um nome, símbolo ou embalagem similar. Uma patente, se for forte e relevante para o processo de decisão de compra do consumidor, pode prevenir a concorrência direta. Um canal de distribuição pode ser controlado por uma marca em razão do histórico de performance da marca no ponto-de-venda" (Aaker, 1991: 21).

Aspectos funcionais e simbólicos da marca

Como vimos, a valoração da marca realiza-se pela criação e manutenção de um conjunto organizado de características funcionais e aspectos simbólicos a ela conectados. Torna-se necessário, então, que o administrador da marca esteja seguro da sustentação de sua vantagem competitiva e do relacionamento dos elementos funcionais (o produto e seus atributos) e simbólicos (as características intangíveis) construídos para a marca, no sentido de serem adequados e significativos para o consumidor.

A estratégia a ser adotada vai estar condicionada pelo estágio de desenvolvimento do produto no mercado. Segundo Murphy (1990: 10), a evolução de um produto passa por três fases distintas. Na primeira, o novo produto lançado no mercado é visto como único e exclusivo. Na segunda fase, inicia-se um período competitivo, no qual os concorrentes procuram firmar-se pelos aspectos funcionais da marca, obrigando o fabricante a descobrir novas maneiras de sustentar a superioridade do produto. Na terceira fase, todas as vantagens de um produto único e de seus atributos funcionais são erodidos pelos concorrentes, e os valores simbólicos passam a ter maior importância na diferenciação da marca perante seus concorrentes.

No processo de evolução das marcas, Murphy (1990: 11) ainda identificou duas situações extremas, no que diz respeito aos caminhos seguidos pela Coca-Cola e pela Kodak para manter os valores da marca. Como um produto, a Coca-Cola permaneceu praticamente sem mudança desde 1880, enquanto a imagem de marca sofreu constantes reformulações para preservar o seu apelo de juventude e de sabor. A Kodak adotou o processo inverso: a sua imagem de marca manteve os valores de liderança e estabilidade por meio das mudanças na tecnologia de seus produtos, renovados continuamente para atender às demandas dos consumidores.

Entretanto, em qualquer caso, torna-se vital monitorar os valores funcionais e simbólicos da marca, para adaptá-la às novas exigências e necessidades do mercado ou para responder às ameaças da concorrência. Como cada mercado pede uma estratégia específica, a criação de uma matriz (*Figura 7*) pode evidenciar as relações entre os aspectos funcionais e simbólicos das marcas, que aqui tomam como exemplo as percepções dos consumidores com relação ao nível de funcionalidade e de simbolismo das principais marcas de automóveis.

Figura 7
MATRIZ DAS RELAÇÕES ENTRE FUNCIONALIDADE E SIMBOLISMO APLICADAS ÀS PRINCIPAIS MARCAS DE AUTOMÓVEIS

Fonte: MURPHY, John M. *Brand strategy*. Nova York, Prentice Hall, 1990, p. 12.

O emprego dessa técnica de mapeamento pode identificar as forças e as fraquezas de uma marca no seu mercado. No caso das marcas colocadas em setores da matriz que revelam problemas de posicionamento, o monitoramento constante permite medir o sucesso das ações promovidas para corrigir tais deficiências.

IMAGEM DE MARCA

Como vimos, a segunda dimensão do conceito de *brand equity*, que está relacionada com a criação de um valor agregado nas marcas da empresa, é obtida pela administração de marketing e de comunicação, envolvendo atributos, valores, sentimentos e percepções conectados à marca. Do ponto de vista do consumidor, essas associações de idéias direcionam fortemente a *imagem de marca*, que pode ser definida como o conjunto de atributos e associações que os consumidores reconhecem e conectam com o nome de marca.

As associações evocadas pela imagem de marca podem ser tangíveis (*hard*) ou intangíveis (*soft*). As primeiras dizem respeito aos atributos funcionais, tais como perfomance do produto, preço, garantia, serviços e tecnologia. As intangíveis ou emocionais são atributos como masculinidade, entusiasmo, confiança, diversão, eficiência. Os atributos *soft* garantem um maior reconhecimento das diferenças entre as marcas mais importantes de uma categoria e, portanto, causam maior impacto no comportamento do consumidor.

Sem dúvida, o avanço tecnológico encarrega-se de anular em pouco tempo as vantagens funcionais dos produtos e, assim, as empresas voltam-se para explorar as características mais *softs* da imagem de marca, que são menos limitadas por não se restringirem ao contexto dos limitados atributos físicos ou funcionais do produto. Não é sem razão que, ao lado da proeminência na categoria do produto e da confiança depositada pelo consumidor, a riqueza constitua o terceiro e importante atributo que caracteriza as marcas consideradas fortes. As marcas fortes são ricas em forma e substância, evocando uma série de associações de ideias mais extensa e fecunda.

Para a formação da imagem de marca, há ainda a contribuição da imagem da empresa, da imagem do usuário e da imagem do produto/serviço em si. Essa contribuição é relativa, variando de acordo com a categoria do produto e com a marca, como Biel (1993: 75) ilustra, com a marca Marlboro:

> "No caso do Marlboro, a reputação da Philip Morris como empresa dificilmente tem algum papel na formação da imagem. A imagem do produto em si contribui; mas talvez o que contribui mais fortemente é a impressão que as pessoas têm dos usuários da marca".

O usuário pode ter a sua imagem descrita em termos da personalidade a ele atribuída. As pessoas não têm dificuldade em descrever os consumidores pela marca dos produtos que consomem e dos serviços que utilizam. Da mesma forma, é possível obter descrições consistentes da personalidade e do caráter de uma marca. Muitas marcas são vistas e descritas como masculinas ou femininas, simples ou sofisticadas, tradicionais ou modernas. Outras suscitam sentimentos como felicidade, confiança, segurança, ou ainda evocam sentimentos de tédio e confusão.

A personalidade e o caráter da marca são, ao mesmo tempo, abrangentes e complexas. Sua complexidade advém do fato de incorporar, através dos tempos, todo um conjunto de valores e atributos que emprestam sentido tanto ao produto como ao seu usuário. Apropriando-se do conceito empregado em psicologia para explicar o processo de percepção — em síntese, de como compreendemos e damos forma às mensagens que recebemos por meio de nossos sentidos —, Murphy (1990: 2-3) recorre ao termo *gestalt* para explicar a natureza complexa das marcas:

> "Uma marca, então, atua como uma *gestalt*, no sentido de que ela é um conceito maior do que as suas partes e o qual leva um longo tempo para estabelecer-se na mente do consumidor. Naturalmente, para abranger todo um complexo conjunto de crenças e valores e internalizá-lo como uma *gestalt*, o receptor (ou consumidor) precisa reconhecer que aquilo que está em oferta é apropriado e atrativo. Em outras palavras, a *gestalt* precisa ser crível, coerente e atrativa, sustentada e desenvolvida através dos tempos, além de não estar sujeita a oscilações na mensagem, qualidade, posicionamento ou em sua disposição geral".

Construção da imagem de marca

A imagem de marca é construída por meio das mais diversas fontes: informações veiculadas pelos meios de comunicação, experiências no uso do produto, embalagem, identidade da empresa, promoção de vendas, propaganda, publicidade, relações públicas. Entre elas, a publicidade é um importante componente da marca e, por sua natureza, constitui ferramenta essencial no processo de construção da imagem de marca. Como atividade de comunicação, a publicidade destaca-se tanto pelo elevado grau de controle que permite sobre as mensagens quanto pelo poder de penetração e convencimento junto aos consumidores e público em geral.

Desta perspectiva, nos próximos capítulos, avaliaremos com maior precisão a contribuição da publicidade ao processo de construção da imagem por meio do exame do papel cumprido por ela nas categorias que representam as percepções e reações do consumidor à marca: o conhecimento do nome de marca, a qualidade percebida, as associações e a fidelidade do consumidor. Estas categorias contribuem primordialmente para a construção da imagem de marca, como expressão de um conjunto de atributos e associações que são devidamente conectados a ela e ainda influem decisivamente na lealdade e no comprometimento demonstrado pelo usuário com relação à marca.

CAPÍTULO 4

A PUBLICIDADE NA CONSTRUÇÃO DO CONHECIMENTO DA MARCA

Em 1893, Henrique Santos Dumont circulou pela primeira vez no centro de São Paulo com "um carro aberto, de 4 rodas de borracha e que se movia por si mesmo" (Gonçalves, s./d.: 7). O irmão mais velho do "Pai da Aviação" foi também o primeiro motorista a protestar contra os buracos das ruas da capital. Na petição que encaminhou, em 1901, ao prefeito Antônio Prado solicitando a isenção da taxa sobre veículos, Henrique Santos Dumont comentou os danos constantes causados pelo calçamento ao seu Daimler 1893:

> "(...) após quaesquer excursões, por curtas que sejam, são necessários dispendiosos reparos no vehiculo, devido à má adaptação do nosso calçamento, pelo que são prejudicados, sempre, os pneus das rodas" (Gonçalves, 1966: 43).

Os primeiros e rústicos carros que chegavam ao Brasil eram importados por uns poucos privilegiados: José do Patrocínio (em 1897), Tobias de Aguiar (em 1898), José Henrique Lanat (em 1900), João Pinheiro, que de 1906 a 1908 chefiou o governo de Minas Gerais, e Antônio de Lavandeyra, diretor-presidente da companhia que construiu o porto flutuante de Manaus (em 1902), Francisco Matarazzo, Walter Seng, Antônio Prado Júnior, Persano Pacheco e Silva e o conde Eduardo Prates (em 1903). Os carros europeus eram os preferidos: Peugeot, Benz, Berliet, Fiat, Renault, Dion Bouton, Darraque, Brasier, Daimler e Pearl.

Em 1920, coincidindo com o momento em que o Brasil começava a viver um processo de ruptura com o passado colonial, percebendo a impossibilidade de crescimento da economia baseado na exportação de bens primários, o presidente da República, Epitácio Pessoa, assina o decreto federal nº. 14.167, que autorizava a Ford a montar seus carros no país. Na verdade, a companhia iniciou suas atividades de montagem de carros e caminhões no Brasil em 24 de abril de 1919, com peças e componentes importados.

A IMPLANTAÇÃO DA INDÚSTRIA AUTOMOBILÍSTICA BRASILEIRA

Entretanto, foi na segunda metade da década de 50 que a indústria automobilística instalou-se efetivamente no Brasil. Em 1956, circulavam no país cerca de 700 mil veículos, com quase metade da frota velha e precisando ser renovada e faltando divisas para isto. Por esta razão, as subsidiárias e montadoras estrangeiras apressam-se em apresentar projetos para a produção de veículos automotores. As etapas de nacionalização foram estabelecidas pelo GEIA — Grupo Executivo da Indústria Automobilística, criado pelo presidente Juscelino Kubistcheck, para coordenar os esforços das indústrias montadoras e de autopeças no alcance dos objetivos estabelecidos para o setor: a produção de 110 mil veículos em 1959, e 170 mil em 1960, até se chegar à auto-suficiência do Brasil na produção de veículos motorizados.

O Romi-Isetta foi o primeiro automóvel de passeio que se produziu no Brasil, com 70% do peso de material nacional. Lançado oficialmente no dia 7 de setembro de 1956, o minicarro popular, de dois lugares, era fabricado pela Máquinas Agrícolas Romi, com licença da fábrica italiana Isetta. Logo a seguir veio a Vemaguette, uma caminhonete lançada em novembro de 1956, pela Vemag, e dotada de mecânica DKW.

Depois desses lançamentos pioneiros, outros se sucederam, como os diversos tipos de caminhões fabricados pela Mercedes-Benz, General Motors, Ford, Scania-Vabis e International Harvester. Em 1957, foi a vez da Kombi, veículo de carga fabricado pela Volkswagen do Brasil, e, no ano seguinte, o utilitário Rural Willys, produzido pela Willys Overland do Brasil. Novas marcas foram lançadas nos dois anos seguintes: o sedã DKW Vemag, o jipe Candango e o Belcar (todos da Vemag do Brasil), o Volkswagen Sedã, o Dauphine, o Simca Chambord, o jipe Toyota Land Cruiser e o sedã FNM-JK. No final de 1959, a indústria automobilística brasileira tinha produzido 14.190 veículos de passeio, que apresentavam índices de nacionalização (*Tabela 6*) variando entre 65,0% e 95,6%.

Tabela 6
TAXAS DE NACIONALIZAÇÃO DOS AUTOMÓVEIS NACIONAIS
(Em 31/12/1959, medidas sobre o peso total do veículo)

Marcas	%
DKW	95,6
Volkswagen Sedã	90,9
Dauphine	70,2
Simca Chambord	67,6
FNM-JK	65,0
Romi-Isetta	70,0

Fonte: Adaptado de CIVITA, Victor (ed.). "Estes são os carros do Brasil". In *Quatro Rodas*, São Paulo, ano 1, n°. 2, set. 1960, p. 7.

No início da década de 90, quando foi implantada uma nova política industrial e de comércio exterior, pelo governo Collor, uma das medidas adotadas foi a abertura do mercado brasileiro, que começou a atrair inúmeros fabricantes. Com eles vieram marcas que, com a proibição total da importação de automóveis em vigor desde 1976, eram desconhecidas ou muito pouco conhecidas em nosso país, como o russo Lada, os japoneses Subaru, Mazda, Suzuki, Mitsubishi e Honda, o italiano Alfa e o francês Peugeot.

EM CENA O NOVO PROJETO INDUSTRIAL E COMERCIAL

No dia 26 de junho de 1990, a ministra da Economia, Zélia Cardoso de Mello, anunciava um abrangente e ambicioso programa para inserir o Brasil no mercado internacional, pondo fim nos subsídios fiscais e financeiros que beneficiavam os produtos nacionais e nos controles tarifários que desestimulavam a compra de mercadorias e equipamentos no exterior. Tendo em vista a experiência vivida pela Argentina, na década de 70, onde a abertura às importações promovida pelo ministro da Economia, Martinez de Hoy, causou o sucateamento da indústria local, o programa brasileiro adotou uma estratégia gradual, baseada na redução progressiva dos níveis de proteção tarifária, na reestruturação competitiva da indústria, por meio de apoio ao crédito e do fortalecimento da infra-estrutura tecnológica, e na exposição planejada da indústria brasileira à competição nacional.

Assim, o programa brasileiro para a implantação de uma nova política industrial e de comércio exterior acabou com as restrições e proibições às quantidades para importação, mas optou pela gradual redução das taxas que ainda protegiam as empresas da concorrência estrangeira. Na medida em que a diminuição das taxas de importação permitia que os produtos estrangeiros concorressem no mercado interno, as empresas deram início aos esforços para tornar suas marcas conhecidas junto aos potenciais consumidores brasileiros por meio de significativos investimentos em publicidade. As maiores verbas publicitárias provinham principalmente da indústria automobilística, que vamos analisar, enfocando especialmente a comunicação de marca da Toyota, Peugeot, Subaru e Mazda.

Toyota: de utilitários a automóveis

A Toyota do Brasil S.A. foi fundada no dia 23 de janeiro de 1958 e o jipe da marca saiu das suas instalações, em São Bernardo do Campo, São Paulo, no dia 22 de maio de 1959. Maior fabricante japonês de automóveis, a Toyota limitou-se a produzir no Brasil uma linha reduzida de utilitários, postergando continuamente os planos de montagem de veículos de passeio.

As primeiras medidas para iniciar a comercialização dos automóveis Toyota importados do Japão foram tomadas em 1991, com o estudo das adaptações necessárias para as condições brasileiras e o recebimento de propostas dos interessados em ser revendedores da marca. A efetiva comercialização dos modelos Toyota importados oficialmente pela filial brasileira iniciou-se no segundo semestre de 1992, embora os veículos da marca fossem encontrados à venda no país já a partir de 1991, trazidos de Miami pelas importadoras independentes.

No mês de outubro de 1992 era veiculado o anúncio seqüencial (*Figura 8*) que antecipava a chegada oficial dos automóveis Toyota ao Brasil. O título lançava a pergunta — "Sabe onde se encontra o consumidor de automóveis mais satisfeito do mundo?" — que a própria peça respondia: "Dentro de um Toyota". O texto do anúncio buscava ganhar o reconhecimento para a nova linha de automóveis explorando principalmente a satisfação proporcionada ao consumidor pela qualidade da marca, que é hoje uma das mais vendidas no mundo:

> "A qualidade dos automóveis Toyota está chegando oficialmente ao Brasil. Seus produtos serão comercializados pela própria montadora através da rede autorizada Toyota. Isso quer dizer que a assistência técnica e as peças originais estarão asseguradas, além da garantia de 2 anos ou 50.000 km.
> Dentro de alguns dias você vai sentir de perto a qualidade dos automóveis Toyota. E vai chegar à mesma conclusão que chegaram os consumidores do mundo inteiro. Que a Toyota, quando produz um automóvel, só pensa em uma coisa: conquistar um consumidor para sempre" (Toyota: 1992a: 39-41).

O esportivo Corolla e o sedã de luxo Camry foram os modelos Toyota importados que o consumidor brasileiro conheceu nos anúncios veiculados a partir da primeira semana de dezembro de 1992. No caso do Corolla, a ênfase recaiu na perfomance, força e segurança do veículo, além dos diversos equipamentos de série — como ar-condicionado, direção hidráulica, piloto automático, espelhos e vidros com acionamento elétrico, acionamento interno das tampas do porta-malas e do tanque de combustível — tudo reforçando a promessa de devolver ao consumidor "o prazer de dirigir" (Toyota, 1992b: 9).

O Camry apoiou-se na tecnologia Toyota para proclamar, na peça, que possuía tudo o que o consumidor sempre esperou encontrar em um veículo sofisticado e ainda mais:

> "O Camry tem motor V6, amplo espaço interno, *air-bag*, freios ABS, teto solar elétrico, piloto automático, direção hidráulica, ar-condicionado, CD Player, bancos de couro, acabamento mais do que luxuoso. O Camry tem detalhes inovadores que o tornam um veículo incomparável. E toda esta perfeição está esperando por você em uma concessionária autorizada de veículos importados Toyota" (Toyota, 1992c: 11).

Nos primeiros sete meses de 1993 a Toyota esteve entre as empresas importadoras que mais investiram em comunicação, especialmente em publicidade institucional de produtos e lançamentos. Assim, os esforços para o conhecimento da marca continuaram com uma peça (*Figura 9*) que promovia a vinculação da marca a atributos tais como tecnologia, qualidade e segurança, que são importantes e relevantes para o consumidor de bens duráveis. A partir do título que reforça o conceito de marca — "Tradução de Toyota: tecnologia, qualidade e segurança" — o texto do anúncio relaciona os atributos que diferenciam os veículos da marca de seus concorrentes:

"Para seu conforto, um Toyota tem componentes que o tornam um dos automóveis mais silenciosos do mundo. Como as camadas de resina asfáltica que funcionam como isolamento acústico ou os coxins hidráulicos, que evitam a propagação de ruídos do motor. Além disso, um Toyota tem grande espaço interno, ar-condicionado, espelhos, vidros e travas com acionamento elétrico. Para sua segurança, um Toyota tem estrutura reforçada com chapas especiais, barras de proteção nas portas, freios ABS, *air-bag*. E, para sua tranquilidade, um Toyota tem 2 anos de garantia e a incomparável qualidade do maior fabricante de automóveis do Japão" (Toyota, 1993a: 88-89).

A presença da Toyota no Brasil por 35 anos constitui também um dado objetivo que, convenientemente explorado, favorece o reconhecimento da marca em benefício da nova linha de automóveis de passeio. O título do terceiro anúncio da série — "Toyota. A única marca de importados que vem com 37 anos de garantia" — somou o período de sua existência no país com os dois anos de garantia válidos para os modelos adquiridos nas concessionários autorizadas. No texto, os *prospects* da marca encontram a declaração do profundo compromisso da Toyota com seus clientes:

"É que a Toyota não é mais uma marca de importados que está chegando aí. Ela conhece bem o consumidor brasileiro, suas necessidades e, o que é mais importante, nosso território. Por isso, quando você adquire um Toyota, não leva para casa apenas um automóvel. Leva a certeza de estar comprando um automóvel que não vai ficar parado na garagem por falta de peças. (...) Além disso, terá sempre, em qualquer uma de nossas 34 concessionárias, um atendimento perfeito, com técnicos de qualidade, preparados para corrigir qualquer problema. (...) Afinal, quem tem 35 anos de Brasil e é hoje a maior produtora de veículos do Japão não iria, de uma hora para outra, deixar você na mão" (Toyota, 1993b: 56-57).

Peugeot: o leão alado francês

A abertura do mercado às importações funcionou também como o principal atrativo para que representantes da Peugeot manifestassem, em 1990, à então ministra da Economia, Zélia Cardoso de Mello, o interesse da montadora francesa em instalar-se futuramente no país. Como proposta de curto prazo, a Peugeot apresentou o projeto de trazer para o Brasil seus modelos 405 e 505, importados também da Argentina, Chile e Uruguai, onde há fábricas e produtores licenciados pela marca.

A Peugeot do Brasil nasceu em janeiro de 1992, resultado de uma associação do Grupo Peugeot, detentor de 70% do capital da nova empresa, com o Grupo Monteiro Aranha, que estimulou o interesse da montadora pelo merca-

SABE ONDE SE ENCONTRA O CONSUMIDOR DE AUTOMÓVEIS MAIS SATISFEITO DO MUNDO?

Figura 8

Figura 8 A

TRADUÇÃO DE TOYOTA: TECNOLOGIA, QUALIDADE E SEGURANÇA.

Você encontra a razão da liderança mundial da Toyota nos mais de 63 milhões de veículos por ela já produzidos. Em cada um destes veículos você sempre terá três itens fundamentais: tecnologia avançada, conforto e segurança. Para seu conforto, um Toyota tem componentes que o tornam um dos automóveis mais silenciosos do mundo. Como as camadas de resina asfáltica que funcionam como isola- mento acústico ou os coxins hidráulicos, que evitam a propagação dos ruídos do motor. Além disso, um Toyota tem grande espaço interno, ar condicionado, espelhos, vidros e travas com acionamento elétrico. Para sua segurança, um Toyota tem estrutura reforçada com chapas especiais, barras de proteção nas portas, freios ABS, air bag. E, para sua tranquilidade, um Toyota tem 2 anos de garantia e a incomparável qualidade do maior fabricante de automóveis do Japão.

TOYOTA
VOCÊ VAI SENTIR A DIFERENÇA

Figura 9

do brasileiro, após se desfazer de sua participação acionária na Volkswagen do Brasil. A filial brasileira nomeou o Grupo Cia. Santo Amaro de Automóveis, maior concessionária Ford do país, para vender seus carros nas cidades de São Paulo e Rio de Janeiro, enquanto no Sul a representação ficou com o Grupo Lion, de Porto Alegre.

A implantação da marca Peugeot no Brasil foi confiada a Thierry Peugeot, bisneto do fundador da empresa e um dos cem herdeiros do lote majoritário de ações em poder da família. A pouca familiaridade do consumidor brasileiro com a marca francesa de automóveis inspirou o primeiro anúncio (*Figura 10*), contando a evolução e as conquistas recentes da Peugeot:

> "Sabe o que a Peugeot estava fazendo no final do século passado? Fabricando automóveis. E história.
> História que comprova mais de 100 anos de evolução, sempre pesquisando e produzindo a mais moderna tecnologia automobilística.
> História de grandes conquistas nas maiores competições do planeta, e mais recentemente as vitórias nos Campeonatos Mundiais de Rally, em 4 edições do Paris-Dakar e nas 24 Horas de Le Mans de 1992, ponto alto do Campeonato Mundial de Marcas deste ano, vencido pela Peugeot por antecipação" (Peugeot, 1992a: 13).

As soluções tecnológicas aprovadas nessas importantes competições esportivas são incorporadas aos modelos de série e, assim, a Peugeot credencia-se perante o consumidor pelo esforço no sentido de oferecer o máximo de conforto, segurança e desempenho nos seus veículos. No final, o texto sugere um entendimento próprio de evolução: "E para a Peugeot, evoluir é jamais deixar de vencer" (Peugeot, 1992a: 13).

A liberação das importações trouxe para o mercado automobilístico brasileiro novas marcas e modelos de origem japonesa, alemã, norte-americana e coreana. No anúncio ilustrado com o *top* de linha (*Figura 11*), a Peugeot reforçou a semelhança de estilo e concepção entre os modelos para posicionar-se como a marca que oferece a exclusividade que o consumidor procura. "Vive la liberté, vive la fraternité, mas chega de egalité" eram as palavras de ordem do título, inspiradas na divisa da Revolução Francesa, que o texto desenvolve, destacando no final a exclusividade da marca:

> "Maior grupo automobilístico francês, e um dos três maiores de toda a Europa, a Peugeot fabrica automóveis para quem sabe dar valor à sofisticação, à elegância, ao conforto e ao desempenho. E, sobretudo, para quem procura algo que a liberação das importações tornou difícil de encontrar: exclusividade. Reconheça: não é exatamente isso que você espera de um carro importado?
> Identifique-se com um Peugeot.
> E vive la différence!" (Peugeot, 1992b: 104-105).

As mensagens dos anúncios utilizados para tornar conhecidas as novas marcas de importados, em sua maioria, adotam uma linha de comunicação

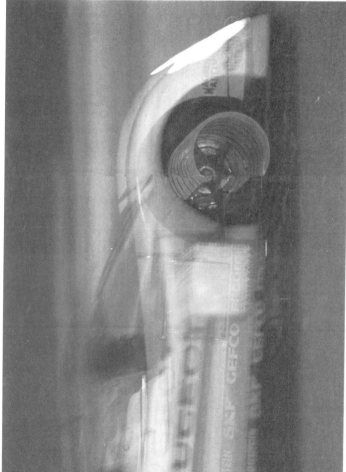

Figura 10

Figura 11

fortemente apoiada nas inovações tecnológicas, que estiveram durante muitos anos afastadas dos modelos e fabricantes nacionais. Entretanto, a construção e a manutenção de níveis elevados de conhecimento de marca deve também observar como orientação que a mensagem precisa conter uma informação diferente e que seja memorável para os *prospects*. A Peugeot seguiu este caminho de sensibilizar e emocionar o consumidor no anúncio (*Figura 12*) do modelo 405, ao informar no título: "O carro que Santos Dumont usava em Paris era um Peugeot. Entendeu agora por que ele inventou o avião?" (cf. Peugeot, 1993: 30).

O texto prossegue com a analogia entre automóvel e avião e chega a cometer um lapso intencional: "...Acaba de aterrissar no Brasil o Peugeot 405. Um avião, perdão, um carro, que sem economizar desempenho, consegue economizar combustível" (Peugeot, 1993: 31). Depois de enumerar as inovações tecnológicas disponíveis no modelo, a peça finaliza com um convite ao leitor: "Para conhecer este grande sucesso da Europa, vá voando até a revendedora mais próxima. ... Peugeot 405. Deixe a sua imaginação voar com ele".

Subaru: o carro inteligente

O primeiro lote da marca japonesa Subaru Legacy, nas versões sedã e *station wagon*, desembarcou em agosto de 1992, importado pela Lada do Brasil, que desde outubro de 1990 operava no país com os automóveis e utilitários russos Lada e uma rede de 126 revendedores em todo o território nacional. Ao passarem a atender a linha Subaru, as revendas e oficinas autorizadas da Lada do Brasil trouxeram uma vantagem estratégica para a marca, pois a existência de uma rede já implantada influi decisivamente na decisão de compra do consumidor.

Em setembro de 1992, o anúncio de lançamento (*Figura 13*) da marca no país proclamou de maneira bem-humorada no seu título: "Subaru é o único importado japonês com assistência técnica em todo o Brasil. Mas avisa desde já que não conserta rádios, televisões, calculadoras, Hondas, Suzukis nem Mitsubishis." E, no texto, vai mais além:

> "Na verdade, o Subaru não é o único japonês com assistência técnica em todo o Brasil. É mais do que isso. Ele é o maior entre todas as redes de assistência técnica de carros do Primeiro Mundo em nosso país. Está localizado nos diversos e principais centros do território nacional, com mecânicos treinados, peças para reposição imediata e equipamentos e ferramentas exclusivas para a tecnologia Subaru. Ou seja, tudo criado para o Subaru e que só pode ser utilizado num Subaru" (Subaru, 1992a: 3).

No mesmo mês, as duas versões do Legacy foram apresentadas em uma peça na qual a Subaru comenta a sua participação como fabricante de componentes para a indústria aeronáutica, o que dá sentido ao título do anúncio: "A Subaru faz automóveis e aviões. Na foto você está vendo um deles". No texto,

Figura 12

Subaru é o único importado japonês com assistência técnica em todo o Brasil. Mas avisa desde já que não conserta rádios, televisões, calculadoras, Hondas, Suzukis nem Mitsubishis.

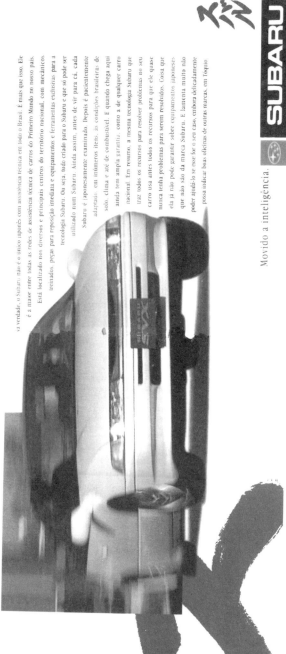

na verdade, o Subaru, não é o único japonês com assistência técnica em todo o Brasil. É mais que isso. Ele é a maior entre todas as redes de assistência técnica de carros do Primeiro Mundo no nosso país. Está localizado nos diversos e principais centros de reposição do território nacional, com mecânicos treinados, peças para reposição imediata e equipamentos e ferramentas exclusivas para a tecnologia Subaru. Ou seja, tudo criado para o Subaru e que só pode ser utilizado num Subaru. Ainda assim, antes de vir para cá, cada Subaru é japonesamente examinado. Depois é pacientemente adaptado. em inúmeros itens, as condições brasileiras de solo, clima e até de combustível. E quando chega aqui ainda tem ampla garantia, como a de qualquer carro nacional. Em resumo, a mesma tecnologia Subaru que traz todos os recursos para resolver problemas no seu carro usa antes todos os recursos para que ele quase nunca tenha problemas para serem resolvidos. Coisa que ela já não pode garantir sobre equipamentos japoneses que não são da marca Subaru. E lamenta muito não poder ajudá-lo se esse for o seu caso, embora delicadamente possa indicar boas oficinas de outras marcas, em Tóquio.

Movido a inteligência.

Figura 13

o Subaru é definido como um dos carros mais revolucionários do mundo e o seu modelo Legacy como o detentor do recorde mundial de velocidade e resistência, um feito marcante que contribui para o reconhecimento da marca:

"O Legacy — o automóvel que você vê aí na foto — bateu o recorde mundial de velocidade e resistência reconhecido pela FIA. Rodou 100 mil quilômetros, duas vezes e meia o globo terrestre, a uma média de 223,3 quilômetros por hora. No Brasil, o Legacy está aterrissando com o mesmo conceito tecnológico de lá e mais uma série de itens que o adaptam às condições de clima, combustível e solo do nosso país. Tração permanente nas quatro rodas, suspensão independente também nas quatro, freios ABS, enfim tudo o que de mais avançado, seguro e potente o cérebro humano já pôde construir. Até porque, de tanto fazer foguetes, carros e aviões, às vezes dá a impressão de que a Subaru já não consegue separar muito bem as três coisas" (Subaru, 1992b: 56-57).

Pouco conhecida no Brasil, a Subaru veiculou, em outubro de 1992, outro anúncio (*Figura 14*) que explora no título a exclusividade da marca: "O Subaru não é o carro mais vendido no Japão. Assim como o BMW também não é o mais vendido na Alemanha". Esta e outras informações foram relacionadas no texto com o propósito de aumentar o nível de conhecimento do consumidor sobre a marca e informar a sua presença em outros mercados internacionais:

"Existem dois motivos para uma marca de automóveis ser mundialmente conhecida. Pelo número de vezes que ela é vista, ou pelo número de vezes que ela é comentada. A Subaru optou pelo segundo. Ela assina com suas seis estrelas douradas um superautomóvel criado no Japão por uma das empresas do grupo Fuji Heavy Industries, que, além de carros para poucos, também fabrica componentes para a Boeing, Douglas e fornece tecnologia até para a Space Shuttle japonesa. Coisas que, ao que consta, também não são feitas em quantidade. (...) Coincidência ou não, no ano em que chega ao Brasil a Subaru comemora a marca de 10 milhões de automóveis rodando pelo mundo. Na terra das BMWs, na patriótica terra dos Cadillacs e, claro, na dos Subarus. (...) Em rápidas palavras, esse é o Subaru. O mesmo Subaru que de vez em quando se vê nas ruas do Japão, de vez em quando se vê nas ruas da Europa e Estados Unidos e que de vez em quando você vai ver nas ruas do Brasil. Quer dizer, a não ser que você seja um daqueles, que não são muitos, que vão comprar" (Subaru, 1992c: 26-27).

Na seqüência, a Subaru resume toda a campanha da linha Legacy em um anúncio com o título "Automóvel Clube do Japão". Ilustrada com fotos das três versões — o sedã de luxo, a *station wagon* e o sedã esportivo —, a peça enumera exaustivamente as inovações tecnológicas, tais como a "embreagem inteligente, que faz o carro ficar freado na ladeira sem o uso dos freios", a suspensão independente nas quatro rodas, a estrutura de alta resistência e a injeção eletrônica multiponto (cf. Subaru, 1992d: 57), que sinalizam para a avançada tecnologia Subaru.

O Subaru não é o carro mais vendido no Japão.
Assim como o BMW também
não é o mais vendido na Alemanha.

Movido a inteligência.

Figura 14

As referências elogiosas da imprensa sobre a performance e as características de um produto trazem-lhe credibilidade e facilitam o reconhecimento da marca pelo público em geral. Por isso, no lançamento em 1993 do novo modelo Impreza — nome baseado no verbo inglês *to impress* (impressionar) —, a Subaru deixou a "modéstia à parte", como diz o título, e veiculou anúncio de oportunidade (*Figura 15*) reunindo as impressões muito favoráveis dos principais jornais brasileiros e do *The Washington Post* sobre o novo carro:

> *Folha de S. Paulo* — 31.10.93
> "Com tração integral constante, apresenta estabilidade superior, direção leve e espaço para malas, além de consumir pouco".
> *Folha de Londrina* — 10.10.93
> "...vale destacar a segurança e a facilidade de dirigir que o conjunto transmite, especialmente pela tração permanente nas quatro rodas..."
> *Estado de Minas* — 10.10.93
> "Imprezionante (...) considerar o Impreza é, sem dúvida, um *must*, como diz o jornalista do *Washington Post*".
> *The Washington Post* — 05.03.93
> "... *better than the Honda Civic, Toyota Tercel, Ford Escort, Mazda Protege, Hyundai Elantra, Mitsubishi Mirage and (...) better than my personal favorite, the Saturn*" (Subaru, 1993: 31).

Mazda: carros com personalidade

A marca japonesa Mazda é representada no Brasil pela importadora Provenda, uma distribuidora de automóveis do Grupo Mesbla, que iniciou a sua comercialização em outubro de 1992. O anúncio de apresentação da marca (*Figura 16*) revelou ao consumidor brasileiro a verdadeira paixão do fabricante em produzir carros originais e com personalidade:

> "A forma sempre está subordinada à função. Primeiro o *design* funcional, depois o estilo. Essa é a regra aceita, sem contestações, quando se trata de projetar carros e que tem gerado máquinas realmente admiráveis. Mas, no geral, apenas máquinas e não carros que despertem uma paixão. Então, por que não criar carros verdadeiramente originais, com personalidade, que derrubem preconceitos e ignorem a ditadura das tendências? É para este nicho muito especial de mercado que a Mazda projeta seus carros, tendo a sensibilidade de interpretar informações humanas que nenhum supercomputador processa" (Mazda, 1992: 141).

Depois da Peugeot e da Subaru, a Mazda foi o terceiro fabricante a estabelecer nos seus anúncios uma relação entre seus automóveis e os aviões. Geralmente, esta associação é feita para destacar a precisão do produto. Mas, no caso da Mazda, ela teve o objetivo de criar um diferencial para a marca perante seus concorrentes japoneses. O título da peça (*Figura 17*) veiculada, em março de 1993, para divulgar toda a linha vendida no país não primava pela modéstia: "Primeiro os japoneses mandaram os carros de combate. Agora estão chegando os aviões. Mazda: mais do que você espera". No texto, a Mazda promete mais em conforto, porque "para projetar o chassis do Mazda MX5, seus técnicos analisaram 800 pontos do corpo humano"; mais em tecnologia, pois "a fábrica da Mazda é a mais moderna do Japão [e] ...a Mazda foi a única marca japonesa a vencer as 24 Horas de Le Mans, na França"; mais em garantia, porque "a Mazda associou-se a um grupo reconhecido e consolidado no país: a Mesbla, representada por uma de suas empresas, a Provenda; mais em ousadia, já que "os veículos Mazda não seguem a tendência mundial. A tendência mundial é que segue a Mazda" (Mazda, 1993a: 2-3).

Para possibilitar ao consumidor brasileiro conhecer mais de perto os automóveis da marca, muito pouco divulgados no país, a Mazda iniciou uma campanha publicitária enfocando os quatro modelos da linha: o esportivo Mazda MX-5, o luxuoso Mazda 626, o compacto Protegé, e o sedã esportivo Mazda 626 GT. "Conquiste seu lugar ao sol" era o convite da Mazda no anúncio do MX-5, que prometia no texto proporcionar a emoção do verdadeiro prazer de dirigir:

> "O Mazda MX-5 é um carro que desperta paixões à primeira vista. Por isso, é muito normal que o seu coração tenha disparado no momento em que você viu este anúncio. Mas essa emoção não é nada comparada ao que você vai sentir pilotando uma máquina como esta. Como todos os modelos da Mazda, o MX-5 incorpora o que há de mais moderno na tecnologia japonesa, responsável pelos carros mais cobiçados do planeta. Com tudo isso, ainda é preciso algo além da tecnologia de ponta para construir um carro que não admite comparações. É preciso trabalhar dentro de uma filosofia que oferece a você, mais do que uma máquina perfeita, o verdadeiro prazer de dirigir" (Mazda, 1993b: 15).

O anúncio de página dupla do Mazda 626, com o título "Você merece mais do que um carro novo", alertava o leitor: "Você pode comprar um carro moderno, um carro de luxo, ou um carro sofisticado. Mas, se você procura mais do que um carro, então você deve mesmo comprar o Mazda 626". O *top* de linha foi desenvolvido procurando aliar a mais moderna tecnologia ao verdadeiro prazer de dirigir. Assim, conclui o texto, "o resultado não poderia ser outro: um autêntico Mazda, que surpreende as mais exigentes expectativas" (Mazda, 1993c: 93).

O Mazda 626 GLS tem como versão esportiva o Mazda 626 GT. No anúncio de lançamento desse modelo, o Mazda 626 GLS foi conceituado como a perfeição em conceito, tecnologia e conforto, enquanto o 626 GT desmentia o ditado popular de que "a pressa é inimiga da perfeição":

> "O Mazda 626 GLX conquistou o mundo. E agora está conquistando o Brasil com a perfeição de seu conceito, sua tecnologia e seu conforto. E para mostrar que a pressa não precisa ser inimiga da perfeição, aí está uma outra versão, o Mazda 626 GT. Com 24 válvulas e motor 6 cilindros em V de 165 HP. Injeção eletrônica computadorizada. Freios a disco ABS nas 4 rodas. Coluna de direção

MODÉSTIA À PARTE:

FOLHA DE SÃO PAULO - 31.10.93

"Com tração integral constante, apresenta estabilidade superior, direção leve e espaço para malas, além de consumir pouco"

O ESTADO DE S. PAULO - 10.10.93

"Novo Subaru é estável e tem estilo inovador:

JORNAL DA TARDE - SÃO PAULO - 03.10.93

"Impreza, um tiro na mosca da Subaru. O carro tem linhas agradáveis, preço competitivo. E o teste comprovou qualidades mecânicas inexistentes na concorrência(...)
um sistema de tração nas quatro rodas garante estabilidade bem acima da média(...) A posição de dirigir é das melhores"

JORNAL DO COMÉRCIO - PORTO ALEGRE - 15.10.93

"... O acabamento interno e externo é excelente"

FOLHA DE LONDRINA - 10.10.93

"... vale destacar a segurança e a facilidade de dirigir que o conjunto transmite, especialmente pela tração permanente nas quatro rodas..."

ESTADO DE MINAS - 10.10.93

"Imprezionante(...) considerar o Impreza é, sem dúvida, um must, como diz o jornalista do Washington Post"

O GLOBO - 10.11.93

"Um japonês bom de vendas (...) uma das causas apontadas pelo sucesso do Impreza (...) é o seu projeto atualíssimo, vendido a preços que vão de US$ 26,2 mil a US$ 31 mil (...) o carro se destaca pela aerodinâmica e desenho moderno (...)"

THE WASHINGTON POST - 05.03.93

"...better than the Honda Civic, Toyota Tercel, Ford Escort, Mazda Protege, Hyundai Elantra, Mitsubishi Mirage and (...) better than my personal favorite, the Saturn."

• Garantia de 2 anos ou 50.000 km • Sistema de autodiagnose • ABS de 4 canais (opcional) • Exclusiva tração 4x4 (versão 1.8) • Motor boxer em alumínio, 16 válvulas, injeção multiponto • Ar condicionado • Trio elétrico • Teto solar (opcional) • Segurança extra do Subaru Gold Assistance: atendimento ao veículo e seus ocupantes em qualquer parte do Brasil

Figura 15

Figura 16

Figura 17

retrátil. Volante ajustável. Direção hidráulica regressiva. Limpador traseiro com intermitente. Cinco portas. Mazda. Um nome para você atingir a perfeição em automóveis" (Mazda, 1993d: 32-33).

O modelo Protegé, automóvel compacto da Mazda, buscou motivar o consumidor com o preço acessível, apelo antes usado exclusivamente pelas marcas importadas mais populares, como a Lada e a Suzuki. Enquanto o título do anúncio acenava com essa possibilidade — "Seu próximo nacional pode ser um japonês. Protegé. O compacto com preço nacional" —, o texto não descuidava de enumerar cada inovação tecnológica:

"Mazda Protegé. 16 válvulas. Check-Control. Aquecimento de ar. Garantia de 2 anos ou 50.000 km. Bancos traseiros reclináveis e bipartidos. Rodas de liga leve em alumínio. Freio a disco nas 4 rodas. Cinto de segurança automático. Direção hidráulica. Coluna de direção ajustável. Iluminação automática do contato. Ar-condicionado. Injeção eletrônica computadorizada multi-point. Antena elétrica. Trio elétrico. Abertura automática de porta-malas e tampa de gasolina. Porta-copos. Rádio toca-fitas auto-reverse com 4 alto-falantes. Mazda Protegé. Tão avançado que já alcançou os nacionais até no preço" (Mazda, 1993e: 120).

AWARENESS: O CONHECIMENTO DA MARCA

O uso mais amplo e sistemático da pesquisa de mercado no Brasil, a partir da década de 60, possibilitou as primeiras avaliações de como as marcas são percebidas e conhecidas pelos consumidores. Nos últimos dez anos, o questionário típico dos estudos de conhecimento e consumo de marca, realizados pelos institutos de pesquisas, começou a incluir uma pergunta específica para determinar as marcas *tops of mind* em suas respectivas categorias.

Para Aaker (1991: 61-62), o conhecimento da marca pode ser definido como a capacidade de o consumidor reconhecer ou lembrar que uma marca pertence a certa categoria de produto. Essa capacidade pode oscilar desde um vago sentimento de que a marca é conhecida até a crença de que ela é a única em determinada classe de produto, o que pode ser representado em três diferentes níveis de conhecimento (*Figura 18*): o reconhecimento da marca, a lembrança da marca e o *top of mind*.

A identificação do nível de conhecimento da marca pelos testes ou pesquisas de *recall* pode ou não ser estimulada pelo entrevistador. O *reconhecimento* da marca é verificado com a apresentação ao entrevistado de um conjunto de marcas de determinada categoria. Diante do pedido para que identifique as marcas das quais já ouviu falar antes, o entrevistado irá revelar os nomes que reconhece dentro daquela categoria de produto, e que constituem o nível mínimo de conhecimento da marca.

O segundo nível, de *lembrança* da marca, é obtido com uma pergunta que levanta o conhecimento espontâneo total das marcas. O entrevistador pede que enumere as marcas conhecidas dentro de uma categoria de produto, sem

Figura 18
NÍVEIS DE CONHECIMENTO DA MARCA

Fonte: AAKER, David A. *Managing brand equity*; capitalizing on the value of a brand name. Nova York, The Free Press, 1991, p. 62.

ajuda de uma lista ou relação prévia de nomes. Por sua vez, a primeira marca que for lembrada pelo entrevistado corresponde ao *top of mind*, uma posição predominante que ocupa o terceiro nível no conhecimento da marca.

O *top of mind* pode ser levantado com uma pergunta direta: "Qual é a primeira marca que lhe vem à cabeça quando se fala em... ?". Essa questão é utilizada para cada categoria de produto na pesquisa anual do *Top of Mind* do Datafolha Instituto de Pesquisas (*Tabela 7*), que revela as marcas mais lembradas pelo consumidor brasileiro.

No caso de um novo produto ou serviço, a publicidade comercial assume como objetivo básico criar o reconhecimento da marca, porque dificilmente há uma decisão de compra sem o prévio conhecimento da marca pelos seus *prospects*, que vai contribuir para torná-la mais familiar. Na verdade, o comprador dá o primeiro passo no processo de compra selecionando um grupo de marcas a ser considerado, geralmente três ou quatro alternativas, e entre elas certamente estarão aquelas que forem mais conhecidas. E, por isso, as ações publicitárias desenvolvidas pela Toyota, Peugeot, Subaru e Mazda tiveram como primeiro propósito estabelecer o conhecimento de suas marcas junto ao consumidor brasileiro.

Os *jingles* e *slogans* publicitários

As marcas podem utilizar *jingles* e *slogans* como valiosos instrumentos de comunicação para ajudar na criação ou manutenção da lembrança. A grande força do *jingle* está no poder mnemônico, que facilita a memorização da

Tabela 7

TOP OF MIND EM CATEGORIAS DE PRODUTOS E SERVIÇOS

Categorias	Top of Mind	%
"Qual é a primeira marca que lhe vem à cabeça quando se fala em..."		
APARELHO DE TV	Philips	26
BANCOS	Banco do Brasil	36
CARRO	Fusca	2
CARTÃO DE CRÉDITO	Credicard	27
CERVEJA	Antarctica	42
CIGARRO	Hollywood	38
COMPANHIA AÉREA	Varig	38
DESODORANTE	Rexona	13
GELADEIRA	Consul	47
JEANS	US Top	10
MAIONESE	Hellmann's	44
MARGARINA	Doriana	30
MOLHO DE TOMATE	Cica	22
PASTA DE DENTE	Kolynos	67
PILHAS	Rayovac	64
PLANO DE SAÚDE	Golden Cross	16
REFRIGERANTE	Coca-Cola	51
SABÃO EM PÓ	Omo	87
SORVETE	Kibon	55
TÊNIS	Rainha	14
UÍSQUE	Natu Nobilis	16

Fonte: "Top of Mind: as marcas campeãs". Suplemento especial da *Folha de S. Paulo*, 24 out. 1993.

mensagem e a fixação da marca. A melodia, que pode ou não ser original, tem como funções primordiais servir como elemento de ilustração ou criar um clima favorável à mensagem, predispondo o ouvinte à sua efetiva recepção e até mesmo à sua propagação quando cai no gosto do público. O creme dental Kolynos, marca mais lembrada na categoria pasta de dentes da pesquisa *Top of Mind,* de 1993, do Datafolha, deve muito da sua posição ao *jingle* de grande sucesso veiculado durante 14 anos:

> "KOLYNOS
> Você vai vai vai
> vai vai em frente
> Vai buscar sua glória

Você vai sentir o novo gosto
o gosto da vitória
Kolynos A h h h ! ! !

Sua espuma protetora faz dentes
Brancos hálito puro e sorriso de
Campeão.
Uma refrescante sensação o gosto
da vitória
Kolynos A h h h h ! ! !"

Já o *slogan* tem a função de reforçar uma imagem de marca por meio da associação de um valor a um nome. Embora algumas vezes seja basicamente empregado para a fixação da marca ("Peugeot: a marca do leão"), o *slogan* tem o propósito de satisfazer ("Visa: é tudo o que você precisa"), de seduzir ("Credicard: o mundo quer você"), de mostrar ("Toyota: é assim que o mundo roda"), de demonstrar ("Se é Bayer é bom") e de agradar ("Varig: acima de tudo, você").

Tabela 8
SLOGANS MAIS CONHECIDOS E LEMBRADOS NO BRASIL

Marca	Slogan
GUMEX	Dura lex, sed lex, no cabelo só Gumex.
LUSITANA	O mundo gira. A Lusitana roda.
SINGER	Costurar é um ato de amor.
BAYER	Se é Bayer é bom.
PETYBON	O macarrão da *mamma*.
DENOREX	Parece mas não é.
HAVAIANAS	Legítimas, só Havaianas.
CICA	Se a marca é Cica, bons produtos indica.
COCA-COLA	Isso é que é.
DREHER	Deu duro, tome um Dreher.
RAYOVAC	As amarelinhas.
DANONE	Vale por um bifinho.
CANINHA 51	Uma boa idéia.
CONTINENTAL	Preferência nacional.
BOMBRIL	1001 utilidades.
HOLLYWOOD	O sucesso.
CONSUL	Põe na Consul.
C&A	Abuse, use C&A.
CARAMURU	Fogos Caramuru não dão chabu.
DORIL	Tomou Doril, a dor sumiu.
VALISÈRE	Se eu fosse você, só usava Valisère.

Para Reboul (s.d.: 51), a característica essencial do *slogan* é a concisão, que o torna "uma fórmula marcante, fácil de ser retida, agradável de ser repetida". Em razão de sua natureza, os *slogans* favorecem a divulgação da marca e, assim, afetam seu conhecimento e lembrança.

Ainda vale ressaltar que as marcas fortes, construídas com respaldo em um elevado nível de reconhecimento, geram uma vantagem competitiva, pois tornam mais difícil para as marcas concorrentes conquistarem uma posição na memória do consumidor, mesmo que invistam pesadamente em publicidade ou apresentem um produto superior. Por sua vez, as marcas mais antigas acumulam através dos anos um número considerável de exposições e experiências de uso que ampliam o seu conhecimento e representam uma garantia de longevidade para o produto. Por exemplo: The Boston Consulting Group realizou um estudo, nos Estados Unidos, comparando as marcas líderes de 1925 com as de 1985, em 22 categorias de produto. Os resultados (*Tabela 9*) foram surpreendentes: sessenta anos depois, os líderes eram os mesmos em 19 categorias.

Tabela 9
MARCAS LÍDERES EM 1925 E 1985

Produto	Marca líder em 1925	Posição em 1985
Bacon	Swift	Líder
Baterias	Eveready	Líder
Biscoitos	Nabisco	Líder
Cereal matinal	Kellogg	Líder
Câmara fotográfica	Kodak	Líder
Frutas em conserva	Del Monte	Líder
Goma de mascar	Wrigley	Líder
Chocolate	Hershey	N°. 2
Farinha de trigo	Gold Medal	Líder
Confeitos de hortelã	Life Savers	Líder
Tinta	Sherwin Williams	Líder
Fumo para cachimbo	Prince Albert	Líder
Lâminas de barbear	Gillette	Líder
Máquina de costura	Singer	Líder
Camisas	Manhattan	N°. 5
Gordura vegetal	Crisco	Líder
Sabonete	Ivory	Líder
Refrigerante	Coca-Cola	Líder
Sopa	Campbell	Líder
Chá	Lipton	Líder
Pneus	Goodyear	Líder
Pasta dental	Colgate	N°. 2

Fonte: AAKER, David A. *Managing brand equity*. Nova York, The Free Press, 1991, p. 71.

Em alguns casos, a marca chega a ser reconhecida pelos consumidores mesmo depois de ser desativada, como aconteceu com a linha de eletrodomésticos da GE ao ser comprada em 1985 pela Black & Decker. A companhia decidiu mudar imediatamente a marca, embora tivesse a permissão do seu uso por vários anos, e investiu pesadamente em publicidade para estabelecer o reconhecimento da marca Black & Decker como fabricante de eletrodomésticos. Três anos depois, a marca GE continuava merecendo a preferência das donas-de-casa, reconhecida nas pesquisas em uma proporção quatro vezes superior à marca Black & Decker. Todavia, enquanto o reconhecimento persiste por um longo período, a lembrança da marca decai com o tempo, o que mostra a possibilidade de uso da publicidade como eficiente instrumento para garantir uma exposição permanente e controlada da marca na mídia.

CAPÍTULO 5

A PUBLICIDADE NA FORMAÇÃO DA PERCEPÇÃO DE QUALIDADE

A preocupação com a qualidade nas empresas surgiu no Japão, no período posterior à Segunda Guerra Mundial, quando especialistas norte-americanos supervisionaram a aplicação de métodos estatísticos de controle de qualidade com o objetivo de desenvolver a indústria japonesa. Todavia, na década de 80, são as empresas européias e norte-americanas que importaram daquele país novos e aperfeiçoados sistemas de gerenciamento para a qualidade total, agora utilizados para possibilitar uma reação ao desafio industrial japonês, e que criaram um verdadeiro culto da qualidade.

A Compaq, fabricante de computadores, sediada em Austin, Texas, tornou-se rapidamente conhecida pela alta qualidade de seus produtos. No Brasil, onde se instalou em 1992, a empresa desenvolveu diversas ações publicitárias para firmar aqui a excelência de qualidade de marca, que, na ocasião, era amplamente reconhecida nos Estados Unidos, na Europa e em diversos países da América Latina.

COMPAQ: UMA MARCA DE EXCELÊNCIA EM QUALIDADE

A história da Compaq começou quando três funcionários da Texas Instruments — Rod Canion, Bill Murto e Jim Harris— tiveram recusado pela empresa o projeto de fabricação de um computador pessoal portátil e, em fevereiro de 1982, decidiram montar o seu próprio negócio. O micro, chamado Portable, foi lançado em novembro de 1983 e garantiu para a Compaq, em seu primeiro balanço anual de 1984, um faturamento recorde de 111,2 milhões de dólares.

Durante sua existência, a Compaq registrou diversos recordes comerciais e tecnológicos, que contribuíram para a formação de sua reputação de qualidade. A linha Deskpro, lançada em junho de 1984, alcançou no final do ano um total de 149 mil máquinas vendidas. Em 1986, a Compaq entrou para a lista das 500 maiores, da revista *Fortune*, e com a linha Portable II, atingiu vendas de 500 mil unidades. Ainda nesse ano a empresa lançou micros 386 de mesa, com quase um ano de vantagem sobre a IBM, sua maior concorrente no ramo de computadores pessoais.

A versão 386 do modelo Portable surgiu em 1987 e a linha Deskpro começou a utilizar o microprocessador 386 na versão de 20 MHz. O primeiro *laptop* — SLT/286 — data de 1988, ano em que a Compaq deu início à expansão das instalações de sua sede em Houston, Texas. A empresa classificou-se, em 1989, no 202º lugar entre as 500 maiores empresas listadas pela *Fortune*, favorecida pelo início das operações na América Latina e pela abertura de novas filiais na Europa, onde tornou-se o segundo maior fabricante de micros, ao ultrapassar a Apple e a Olivetti.

Depois de enfrentar, em 1991, uma queda de faturamento no mercado norte-americano, provocada pelos efeitos da recessão americana e pela concorrência dos *clones* mais baratos, a Compaq realizou mudanças estratégicas e operacionais para reduzir os custos e, assim, comercializar os equipamentos com uma política de preços mais agressiva. Em 1992, a Compaq autorizou as empresas Dismac, Solaris e Medidata a montar no Brasil dois modelos do *notebook* Contura, dois equipamentos ProLinea, dois micros da linha Deskpro/M e o *notebook* LTE Lite/25/c, *top* da linha que incorpora monitor colorido e *mouse* embutido.

No Brasil, a Compaq também pretende firmar-se, sobretudo pela excelência de qualidade da marca. No anúncio (*Figura 19*) de sua chegada ao país, a empresa firmou seu compromisso com o consumidor. Nele, a Compaq considera que a qualidade de seus produtos — reconhecida até pelos concorrentes — é basicamente o resultado da satisfação das necessidades reais dos usuários da marca:

> "Uma coisa sempre marcou o nosso trabalho: ouvir o usuário, saber o que ele deseja, aprender para fazer a coisa certa. É assim que a Compaq consegue uma qualidade capaz de arrancar elogios até da concorrência. E é assim que ela vai trabalhar no Brasil" (Compaq, 1992: 46).

A Compaq ainda enfatiza, na peça publicitária, de maneira direta, a excelência de qualidade dos seus produtos, garantida pelos cuidados de uma equipe de 1.200 engenheiros dotados da capacidade real de resolver problemas:

> "Por isso nossa equipe é composta pelos melhores engenheiros de computação do mundo. Uma equipe que controla, ponto por ponto, todo o processo de fabricação de nossos produtos. Com exceção de alguns componentes, tudo é fabricado e rigidamente avaliado pela própria Compaq. E o resultado é uma excelência de qualidade dificilmente alcançada pelos concorrentes. A maior prova disso é que os chamados departamentos de pesquisa de outros fabricantes não passam, na verdade, de simples imitadores. Em vez de inovar, eles usam nossos computadores como referência e tentam reproduzir nossa tecnologia" (Compaq, 1992: 47).

A linha de *notebooks* é o produto específico que a Compaq destaca em anúncio, com um título instigante para o leitor e atrativo para os executivos que constituem o seu público-alvo: "A diferença entre poder e não

Figura 19

poder". O texto apresenta os *notebooks* como "as ferramentas destinadas a aumentar o poder de informação das pessoas em viagens, reuniões ou simples encontros" e postula que "o poder que os *notebooks* Compaq transferem às pessoas é diretamente proporcional ao seu potencial de armazenamento de dados e informações". No final, a peça retoma mais diretamente o diferencial da marca: "Compaq. Parceria se faz com qualidade" (Compaq, 1993a: 12-13).

A garantia em prazos mais dilatados e a assistência ao usuário são vantagens significativas para o usuário de um produto tão complexo como o computador e ainda podem influenciar poderosamente na percepção de qualidade da marca. A Compaq explora esses atributos exclusivos de sua linha de microcomputadores em peça publicitária (*Figura 20*) que reforça a excelência em qualidade a partir do título — "Garantia total de 3 anos. Uma vantagem tão exclusiva como a nossa qualidade":

> "(...) Só quem mantém um alto grau de exigência, inclusive com fornecedores, pode chegar a uma excelência de qualidade que provoca elogios até da concorrência.
> Com certeza todo esse trabalho, associado a um Serviço de Suporte Técnico também impecável, já seria a maior garantia para o usuário. Mas a Compaq faz questão absoluta de assinar embaixo.
> Provou que tem consciência do que faz, elevando a garantia que dá a toda a sua linha de microcomputadores: 3 anos. A maior do mercado" (Compaq, 1993b: 72).

O porta-fólio de produtos de uma empresa constitui um dos elementos que a tornam mais visível e reconhecida perante os seus consumidores e os *prospects*. A Compaq apresentou sua linha completa de servidores, *desktops* e *notebooks*, em anúncio que descreve os seus equipamentos, todos acompanhando as principais tendências mundiais, como as do *downsizing* e *rightsizing*, que são os indicadores concretos da elevada performance e grande qualidade dos produtos da marca:

> "Dessa forma, ela desenvolve produtos e atende ao usuário baseada no conceito de *downsizing/rightsizing*, oferecendo uma linha completa de *servers*, *desktops* e *notebooks*.
> Esses equipamentos foram projetados e desenhados para ampliar os horizontes de atuação da sua empresa e têm uma performance capaz de arrancar elogios da própria concorrência. Aliás, desempenho e qualidade são duas normas que acompanham e identificam a Compaq no mundo inteiro.
> Se você pensa grande em relação a competitividade e sucesso da sua empresa no mercado, pense Compaq. Seja para instalar uma rede, substituir ou até incorporar aos seus mainframes os nossos *servers*, *desktops* ou *notebooks*, a Compaq está pronta para entrar com o melhor trabalho. E vai estar ao seu lado o tempo todo, com um eficiente serviço de suporte técnico" (Compaq, 1993c: 90-91).

GARANTIA TOTAL* DE 3 ANOS.
UMA VANTAGEM TÃO EXCLUSIVA COMO A NOSSA QUALIDADE.

Quando um PC Compaq chega às suas mãos, ele já passou pelas mãos de vários especialistas. E foi testado com tanto rigor, que uma coisa é certa: de todas as vantagens que esses equipamentos oferecem a única que dificilmente você vai usar é aquela que somos os únicos a oferecer. A garantia de 3 anos.

Na verdade o que garante a qualidade de um produto e faz dele o melhor é o compromisso do fabricante. É a sua determinação de fazer o que os outros não fazem.

Na Compaq é assim. Todo mundo trabalha para superar limites. Cada especialista tem consciência do que representa e, se existe um desafio, ele vai ser vencido.

Foi essa equipe, por exemplo, que conseguiu durante o ano passado diminuir o custo dos nossos computadores, sem abrir mão em nenhum momento da qualidade. Não se tratava simplesmente de cortar custos. Era preciso, acima de tudo, manter o compromisso do padrão Compaq com o usuário. E só quem cria, desenvolve, fabrica e testa seus próprios produtos é capaz de se impor e vencer um desafio como esse. Só quem mantém um alto grau de exigência, inclusive com fornecedores, pode chegar a uma excelência de qualidade que provoca elogios até da concorrência.

Com certeza todo esse trabalho, associado a um Serviço de Suporte Técnico também impecável, já seria a maior garantia para o usuário. Mas a Compaq fez questão absoluta de assinar embaixo.

Provou que tem consciência do que faz, elevando a garantia que dá a toda a sua linha de microcomputadores: 3 anos. A maior do mercado.

É a Compaq mostrando o seu estilo de trabalho. E a sua capacidade de ouvir, pensar e estar o tempo todo ao lado do usuário.

Compaq. Parceria se faz com qualidade.

Garantia técnica para a linha Compaq em todo o Brasil, somada à garantia internacional para a linha de portáteis em mais de 30 países.

REVENDEDORES AUTORIZADOS: SÃO PAULO / Compumicro: 826-2211 - Compudvop: 829-3366 - Computeasy: 883-5966 - Computerware: 227-3011 - Dismac: 824-0411
Imarés: 873-0777 Microsul: 35-2665 - MLX: 246-5011 - Planos: 275-8411 - Solariz: 533-0777 - Taxtec: 814-9411 • RIO DE JANEIRO / Compumicro: 262-7007 - Computerware: 297-3172 - MLX: 546-3221 • CAMPINAS (SP) / MLX: (0192) 31-6906 • RIBEIRÃO PRETO (SP) / JCC: (016) 635-5666 • BELÉM / Memória: 225-2001 • BELO HORIZONTE / Compex: 225-1621 MLX: 226-5010 • BRASÍLIA / MLX: 321-4288 - Rossi Schlabitz: 248-2377 • CAMPO GRANDE / Casa da Informática: 382-9122 • CUIABÁ / S.O.S.: 323-2986 • CURITIBA / Teletex: 362-2211• FLORIANÓPOLIS / Infotec: 23-4777 • FORTALEZA / Siscomp: 261-4911 • GOIÂNIA / Unifox: 251-1133 • MANAUS/ Importadora Oliveira: 622-4242 • PORTO ALEGRE / Compumidia: 222-5288 - Computerware: 223-1966 • MLX: 332-3922 - RP&M: 330-9400 • SALVADOR / Compus: 231-2111 Real & Dados: 336-6400 • VITÓRIA / Data-Mar: 325-3059 • SERVIÇOS / Proceda: (011) 577-8422 • DISTRIBUIDORES / ABCOM: (011) 283-5299 - Via Brasil: (011) 872-9277.

Figura 20

O CONCEITO DE QUALIDADE PERCEBIDA

O Instituto de Planejamento Estratégico iniciou, em 1972, nos Estados Unidos, o programa *PIMS — Profit Impact of Marketing Strategy*, uma base de dados com informações coletadas em 450 companhias norte-americanas, para determinar como as dimensões-chave de produtos e serviços afetavam a lucratividade e o crescimento das marcas. Um dos principais achados da pesquisa diz respeito à qualidade:

> "A longo prazo, o mais importante fator isolado que afeta a performance de uma unidade de negócios é a qualidade dos seus produtos e serviços em relação à dos concorrentes" (*apud* Murphy, 1990: 27-28).

Um produto ou serviço pode ter o seu conceito de qualidade determinado pelo desempenho superior a seus similares, por suas características intrínsecas (componentes, quantidade e qualidade da matéria-prima envolvida na manufatura, serviços adicionados) ou pela conformidade às especificações na sua fabricação. Entretanto, embora possa estar relacionado a essas ou outras características objetivas, o conceito de qualidade percebida é uma construção global que expressa um sentimento mais geral a respeito de uma marca. Aaker (1991: 85) entende a qualidade percebida como resultado da percepção dos consumidores, o que está expresso no seu conceito:

> "A qualidade percebida pode ser definida como a percepção do consumidor da qualidade total ou superioridade de um produto ou serviço com respeito aos seus propósitos e em relação às alternativas existentes".

Assim, a qualidade percebida é uma noção que dificilmente pode ser determinada objetivamente, porque nela está incluída a avaliação dos consumidores do que é importante e relevante. E, como sabemos, os consumidores diferem profundamente em seus gostos, desejos e necessidades, o que torna relativo o conceito de qualidade percebida, pois ele será definido pelo consumidor em consonância com o propósito que o produto assumir e em relação a um conjunto de alternativas disponíveis.

DIMENSÕES DA QUALIDADE PERCEBIDA

Feitas estas considerações, fundamentais para a compreensão do conceito, convém observar que a qualidade percebida geralmente não deixa de estar baseada em dimensões básicas (*Tabela 10*), que incluem especialmente as características dos produtos e serviços aos quais a marca está ligada, além de atributos resultantes do relacionamento entre o prestador do serviço e os seus usuários.

Tabela 10
DIMENSÕES DA QUALIDADE PERCEBIDA NAS MARCAS

nos produtos	*nos serviços*
Performance	Competência
Características secundárias	Empatia
Confiabilidade	Confiabilidade
Durabilidade	Iniciativa pessoal
Serviços adicionais	Tangibilidade
Aparência	
Conformidade com as especificações	

Fonte: Adaptado de AAKER, David A. *Managing brand equity*; capitalizing on the value of a brand name. Nova York, Free Press, 1991, p. 91.

Garvin (*apud* Aaker, 1991: 91) reconheceu sete dimensões que influenciam a percepção de qualidade das marcas no contexto do produto: a performance, características secundárias, conformidade com as especificações, confiabilidade, durabilidade, serviços adicionais e aparência. No caso de serviços, as dimensões presentes são: tangibilidade, confiabilidade, competência, iniciativa pessoal e empatia.

Dimensões da percepção de qualidade nos produtos

Durante muitos anos, os fabricantes comunicaram exaustivamente a qualidade dos seus produtos com a conhecida frase "Nós somos os melhores". Em nossos dias, essa afirmação está totalmente desacreditada e, assim, o grande desafio é conquistar a credibilidade explicando ao consumidor os motivos pelos quais a marca é superior. Das dimensões baseadas nas características e atributos do produto — performance, características secundárias, conformidade com as especificações, confiabilidade, durabilidade, serviços adicionais e aparência —, podem ser retirados fatos e argumentos compreensíveis e persuasivos para construir com eficácia a reputação de qualidade superior da marca.

A primeira dimensão, *performance*, diz respeito às características do desempenho de um produto, ou seja, em que medida ele proporciona os melhores resultados no seu uso. Todavia, os atributos de desempenho variam consideravelmente, em função das diferentes atitudes que o comprador tenha perante o produto. Um automóvel, por exemplo, pode apresentar a aceleração como sua principal característica na dimensão da qualidade total percebida. Muitos usuários podem valorizar este atributo, enquanto outros, mais preocupados com a segurança e a economia, vão considerá-lo irrelevante.

No caso dos computadores pessoais, a sua disseminação mais ampla no Brasil tem enfrentado, entre outras barreiras, a dificuldade de operação do equipamento por usuários que geralmente não possuem uma formação ou preparação específica. Transformando um problema em oportunidade, a IBM desenvolveu o microcomputador pessoal PS/1, que tem como característica básica a simplicidade de operação, atributo este essencial para obter do equipamento a performance desejada e o melhor desempenho. O anúncio de divulgação do novo produto tranqüilizava, no seu título, os possíveis *prospects*: "Se você sabe usar o videocassete, você já está pronto para o micro IBM PS/1". Todas as características que traduziam a simplicidade de manuseio do aparelho foram descritas no texto:

"Um dia o microcomputador tinha que deixar de ser aquela coisa complicada, distante e assustadora. Esse dia acaba de chegar com o novo PS/1 — 486 SX.
Para começar, o PS/1 é uma solução completa, vem com tudo o que você precisa. É só ligar o plug na tomada e começar a usar. Ele vem com vídeo, teclado, mouse, softwares pré-instalados e manuais de instrução, tudo em português.
E ainda tem programas que ensinam você a dar os primeiros passos rapidamente. Em pouco tempo, e sem sofrimento, você estará dominando o assunto. O PS/1 é um instrumento avançado, e ao mesmo tempo de utilização muito simples, para você aumentar a agilidade e a produtividade da sua empresa ou escritório, ou mesmo das suas atividades pessoais" (IBM, 1993: 59).

A segunda dimensão, *características secundárias*, envolve todos os elementos considerados acessórios ou de segundo plano em um produto, como, no automóvel, o ponto de luz para a leitura de mapas ou o dispositivo para enrolar o tubo de dentifrício na medida do uso da pasta dental. Todavia, quando os produtos parecem similares ao consumidor, tais características podem constituir elementos que demonstram a preocupação do fabricante com as necessidades dos usuários do produto, por menos significativas que elas possam ser.

A Philco desenvolveu um novo tipo de controle remoto simplificado, para o aparelho de televisão Ultravision Philco-Hitachi 20'', que proporciona maior comodidade ao usuário, como informou no anúncio veiculado em abril de 1993:

"Liga. Central única para 6 ajustes de brilho, contraste e cor. Seleção seqüencial de canais. Pausa sonora (mute). Timer para até 120 minutos. Indicação do canal sintonizado. Ajuste de volume. Desliga. Ultravision Philco-Hitachi 20'' agora também com controle remoto simplificado. Onze teclas que fazem tudo que você precisa. Inclusive não pagar caro" (Philco, 1993: 79).

A terceira dimensão, *conformidade com as especificações*, traduz-se na busca da ausência de defeitos do produto por meio do controle da qualidade no processo produtivo. A divulgação dos programas e sistemas de controle de qualidade utilizados pela empresa contribuem efetivamente para a formação de uma reputação de qualidade para a marca. A Compaq tornou públicos os esforços para garantir a qualidade de seus produtos no texto do anúncio (*Figura 19*), que informou a existência de uma equipe de 1.200 engenheiros "que controla, ponto por ponto, todo o processo de fabricação de nossos produtos. Com exceção de alguns componentes, tudo é fabricado e rigidamente avaliado pela própria Compaq" (Compaq, 1992: 47).

A conquista de prêmios ou de certificados de qualidade atribuídos por entidades nacionais e internacionais representa outra oportunidade para o uso da publicidade. Primeira empresa de petróleo do país a receber o ISO 9001, a Shell Brasil S.A. comemorou o fato veiculando um anúncio em cujo título era estimulada a confiança do consumidor — "Você pode confiar. Agora você encontra ISO 9001 nos lubrificantes Shell" — e ainda atestava a conformidade dos critérios de controle adotados na companhia aos padrões internacionais de qualidade:

> "Este certificado foi concedido à sua Unidade de Lubrificantes, através de uma rigorosa avaliação realizada pelo Inmetro — Instituto Nacional de Metrologia, Normalização e Qualidade Industrial, qualificando a Shell segundo um dos mais exigentes padrões do mercado internacional.
> Em outras palavras, isto quer dizer qualidade garantida em todas as etapas, desde o desenvolvimento, fabricação e distribuição, até a assistência técnica dos Lubrificantes Shell.
> A certificação pela ISO — International Standardization Organization — coloca a Shell Brasil num clube fechado do qual fazem parte poucas empresas no mundo" (Shell, 1992: 89).

A quarta dimensão, *confiabilidade*, é a consistência de performance proporcionada pelo produto durante o seu período de uso. Entre outros atributos, por exemplo, a confiabilidade da linha de caminhões leves da Mercedes-Benz foi o critério determinante para a Indústria Alimentícia Kibon compor sua frota de entregas urbanas com os veículos da marca. A preferência pelos caminhões Mercedes-Benz mereceu um anúncio de página dupla em que a Kibon dá um testemunho altamente positivo no título: "Quando chega o verão se exige muito da frota. E sempre que precisamos dos Mercedes eles estão disponíveis". O fabricante, por sua vez, complementa assegurando: "Se você exige confiança de um caminhão, você precisa de um Mercedes-Benz" (Mercedes-Benz, 1992: 40-41).

A quinta dimensão, *durabilidade*, é dada pelo tempo de duração do produto. Quanto maior a vida útil de um produto, maiores serão as chances de a marca ser percebida pelo consumidor como possuidora da qualidade total. Na indústria de computadores, infelizmente, o rápido desenvolvimento do mercado de informática torna os modelos obsoletos em curto espaço de tempo. A cada dezoito meses, por exemplo, o microprocessador — a principal peça dos computadores — dobra sua capacidade e mantém o mesmo preço, exigindo das empresas elevados investimentos para a atualização dos seus equipamentos.

Para enfrentar o problema da rápida obsolescência, a Acer desenvolveu o *ChipUp*, um conceito de *upgrade* exclusivo da marca, com custo reduzido e instalação que não requer ajustes demorados. A empresa explicou o conceito de *upgrade* em anúncio que garante aos usuários que seus produtos acompanham a evolução tecnológica e, conseqüentemente, têm o tempo de vida útil prolongado:

> "Imagine um computador que cresça junto com a sua empresa e que, ao mesmo tempo, acompanhe as evoluções tecnológicas do mercado de informática. Este computador é um Acer. E a evolução é o ChipUp. Um conceito exclusivo de upgrade onde a colocação de um simples chip processador aumenta em até 3 vezes a performance do seu Acer. O custo é bem menor que o de outros upgrades e a instalação não requer nenhum ajuste. Assim, em 2 minutos, o seu AcerPower 386SX pode receber um processador 486DX. E seu AcerPower 486SX evolui para 486DX. Isso é possível porque a Acer mantém 800 especialistas em pesquisa e desenvolvimento nos seus laboratórios nos EUA, Taiwan, Malásia e Japão para resolver rapidamente as necessidades de milhões de usuários" (Acer, 1992a: 2-3).

A facilidade de atualização dos computadores da Acer mereceu o reconhecimento da *PC Magazine Brasil*. A revista atribuiu, em 1992, o prêmio Editor's Choice para o modelo AcerPower 386SX, que apresentou as melhores características de crescimento entre os computadores pessoais vendidos no país. A conquista foi divulgada em anúncio criado para o modelo premiado com o título "Acer tem o único 386SX que fica até 5 vezes mais potente com a simples inserção de um chip 486DX". No texto, a empresa apresenta o AcerPower 386SX e menciona o prêmio recebido pelo equipamento:

> "Este é o AcerPower 386SX. O computador famoso no mundo todo pela sua capacidade de crescimento. A fórmula é simples e rápida. Você compra um chip 486DX e coloca no seu 386SX. Em apenas 2 minutos, você tem um computador com uma performance até 5 vezes maior. (...) O Acer 386SX é tão revolucionário que recebeu o Editors' Choice da *PC Magazine*" (Acer, 1992b: 58).

A sexta dimensão, *serviços adicionais*, engloba a capacidade do fabricante em oferecer serviços correlatos ou de apoio ao produto. O Coral Color Service, por exemplo, é um sistema computadorizado que permite escolher as combinações de cor das tintas Coral em poucos minutos — sem o uso das bisnagas de corantes — e está disponível nos revendedores da marca. Já os Serviços de Atendimento ao Consumidor são os mais comuns e permitem abrir um canal de comunicação com o usuário para receber reclamações, ouvir sugestões e sanar dúvidas relacionadas ao uso do produto.

A Chevrolet implantou, em 1993, quatro novos serviços: Central de Atendimento ao Cliente, o programa Qualitech System, o Chevrolet Road Service e a Garantia Estendida Chevrolet. Todos foram mostrados no anúncio veiculado, em janeiro de 1994, para promover um balanço das atividades empreendidas pela Chevrolet com o propósito de tornar cada vez melhor o seu serviço de atendimento. A assistência técnica e mecânica gratuita para os compradores de carros novos é comum em outros países, mas no Brasil o Chevrolet Road Service foi pioneiro:

"Via satélite, através de canais de atendimento totalmente informatizados, o Chevrolet Road Service ofereceu assistência técnica e mecânica, gratuitamente, vinte e quatro horas, válida em todo o Brasil, para quem comprou seu Chevrolet '0' km. Foi um ano de muita tranqüilidade para nossos clientes" (Chevrolet, 1994: 20).

A sétima dimensão, *aparência*, está relacionada ao fato de o produto parecer ou ser tomado como dotado de uma qualidade intrínseca. Esta percepção vai ser influenciada especialmente por dois elementos: o *design do produto*, que realiza uma síntese da forma com a funcionalidade, e a *embalagem*, que identifica o produto e deve transmitir as suas qualidades.

A forma e a funcionalidade são os grandes atributos do Alfa 164, modelo assinado pelo afamado estúdio italiano Pininfarina, especializado em projetos de luxo para a indústria automobilística de todo o mundo. O anúncio veiculado pela Alfa Romeo aproxima o Alfa 164 dos cânones de uma obra de arte. O título é bastante taxativo: "Na Itália você encontra arte nos teatros, museus e garagens". Depois de enumerar os aspectos funcionais do automóvel — como o motor 3.0 de 6 cilindros em V com duplo comando de válvulas, injeção eletrônica digital, sistema de freios ABS, rádio toca-fitas com antena eletrônica, sistema antifurto eletrônico — o texto da peça destaca a semelhança do Alfa 164 com uma obra de arte, reforçando o conceito de qualidade intrínseca da marca:

"Muitos artistas gostariam, mas o Alfa 164 não é uma obra de arte que só falta falar. É uma obra de arte que anda. E muito" (Alfa Romeo, 1994: 35).

Por sua vez, a reformulação da embalagem dos cigarros Minister, em 1993, teve o duplo propósito de atualizar o produto e transmitir a excelência da marca. Além da nova distribuição dos seus elementos gráficos e visuais, a embalagem assinada pelo *designer* norte-americano John Digianni incorporou inúmeros dizeres — "Marque de excellence", "World Class", "Critically acclaimed", "Distinction & Quality", "Unique" — que catalisam e reforçam o conceito de excelência desejado para a marca. O anúncio de relançamento da marca destacou as mudanças no título — "Novo Minister em nova embalagem" —, as quais foram justificadas no texto como uma evolução do produto:

"O novo Minister ganhou nova embalagem e novo produto. Você vai comprovar que Minister evoluiu, sem abandonar o que sempre foi valorizado: a qualidade" (Souza Cruz, 1993c: 39).

Dimensões da percepção de qualidade nos serviços

A natureza distinta dos serviços é determinante para que as percepções de qualidade do consumidor sejam diferenciadas em seu contexto. Nas dimensões presentes nos serviços, competência, confiabilidade, tangibilidade, iniciativa pessoal e empatia, as duas últimas dizem respeito à relação entre o prestador de serviços e o usuário.

A primeira dimensão, *competência*, está relacionada com a capacidade e habilidades dos funcionários para a execução dos serviços procurados pelo usuário. No caso de serviços especializados, como engenharia, informática e finanças, os clientes corporativos exigem pessoal altamente qualificado e treinado para assessorar suas empresas. Perante essa necessidade, a IBM abriu uma nova unidade de negócios, a IBM Business, voltada para prestar serviços de assessoria em áreas como tecnologia de informação, logística e *outsourcing*. No anúncio veiculado, depois de manifestar que a IBM Business nasceu para oferecer soluções para os clientes, o texto proclama a competência e dedicação dos seus profissionais, formados com um padrão de treinamento semelhante em todo o mundo:

> "Estas soluções são adequadas a cada caso. E são elaboradas por uma equipe de profissionais treinados para ajudar você a decidir o que fazer, mostrar como fazer e até mesmo fazer para você. Em áreas como consultoria em tecnologia de informação, consultoria em logística, outsourcing, serviços do Centro Industrial Sumaré e muitas outras. A IBM investe muito na formação de seus profissionais e segue o mesmo padrão de treinamento no mundo todo. Estes profissionais estão a seu inteiro dispor, acumulando anos de experiência no Brasil e em mais de 130 países" (IBM Business, 1994: 15).

A segunda dimensão, *empatia*, é dada pelos cuidados e atenção personalizada que a empresa dedica aos usuários dos seus serviços. Como os clientes de um banco, por exemplo, apresentam expectativas diferenciadas quanto ao atendimento que esperam receber, o Bradesco satisfez com seu anúncio os dois tipos de usuários mais comuns: "Tem gente que está no Bradesco porque gosta de atenção. Outros porque gostam de tecnologia". Tanto a atenção dos funcionários bem treinados como a agilidade nos negócios mereceram o testemunho de aprovação dos clientes, o que vai favorecer a empatia em clientes potenciais:

> "Quem é que não gosta de receber atenção, ser bem tratado? É bom para a gente e para o nosso dinheiro".
> "Hoje em dia, agilidade é fundamental. Você tem que ser rápido para tomar grandes decisões e até para resolver as coisas mais simples" (Bradesco, 1993: 16-17).

A terceira dimensão, *confiabilidade*, é determinada pela precisão e segurança demonstradas na execução do serviço. Pelo fato de envolver pessoas, este atributo defronta-se com uma dificuldade específica: nem sempre o serviço prestado é o mesmo, podendo variar conforme o funcionário, o cliente ou até mesmo o dia de sua realização. Por isso, na avaliação de Aaker (1991:94), a padronização dos serviços é a melhor medida para conseguir que a confiabilidade seja transmitida e facilmente percebida pelos clientes.

A Rede Sheraton de Hotéis usou a abordagem de ser igual em todo o mundo no anúncio que informava, logo no título: "Se você levou uma toalha do Sheraton 'de lembrança' quando foi a Nova York, é bom saber que você encontra a mesma toalha em Recife, no Rio de Janeiro e em São Paulo". No texto, o Sheraton explica o motivo de os seus hóspedes apreciarem os *souvenirs*:

> "Quem se hospeda no Sheraton gosta tanto do hotel que leva algumas lembranças de presente. Qualquer loja de departamentos vende uma toalha igualzinha à do Sheraton. Mas os hóspedes não querem uma toalha de banho comum. Querem uma toalha do Sheraton. Porque o Sheraton é único. Diferente de qualquer outro hotel, mas igual no mundo todo. No Sheraton de Hong-Kong, no de Nova York ou no Sheraton Petribu de Recife, no Sheraton Rio e no Sheraton Mofarrej de São Paulo, você tem as mesmas mordomias, o mesmo atendimento e até mesmo as mesmas toalhas de banho" (Sheraton, 1993: 66).

A quarta dimensão, *iniciativa pessoal*, reside na disposição e boa vontade dos funcionários em ajudar os compradores e providenciar o serviço prontamente. Assim, no anúncio de divulgação do seu novo serviço de assistência, a Sul América Seguros afirmou enfaticamente no título: "A equipe da Sul América se preocupa com tudo para você não se preocupar com nada". O texto prosseguia destacando a disposição e boa vontade do seu pessoal em ajudar os seus segurados e oferecer sem qualquer ônus todos os serviços necessários:

> "Com a Assistência Sul América, você resolve as mais difíceis situações a qualquer hora e em qualquer lugar. Basta ligar, que a Sul América providencia gratuitamente: reboque com socorro mecânico, remoção de feridos ou doentes, transporte alternativo e motorista substituto" (Sul América, 1992: 62-63).

A vontade e o entusiasmo em buscar permanentemente a satisfação dos clientes também podem ser criados ou estimulados nos funcionários, por meio do comprometimento de cada um deles com os programas de qualidade em curso na empresa. É o caso da Varig, que instituiu o Compromisso Varig com a Qualidade, divulgado em anúncio que a companhia veiculou em setembro de 1992, com o aval do próprio presidente e o apoio de todo o pessoal:

> "O Compromisso Varig com a Qualidade é um projeto abrangente e profundo que se integra à filosofia empresarial da Varig e ao esforço solidário de seus funcionários na busca permanente da completa satisfação do seu cliente" (Varig, 1992: 50).

Reconhecendo que tudo o que vem sendo feito pode e deve ser feito melhor, a empresa ressaltou na peça que o Compromisso Varig com a Qualidade não admite acomodação: "Entre nossos funcionários, haverá sempre a vontade e o entusiasmo para fazer melhor" (Varig: 1992: 50). Assim, o comprometimento de todos com o projeto é uma garantia de que cada funcionário vai estar sempre disposto a ajudar e atender cada vez melhor os usuários dos serviços.

A quinta dimensão, *tangibilidade*, vai se expressar pelos aspectos concretos envolvidos na prestação de um serviço, como a aparência dos funcionários e o estado das suas instalações e equipamentos, na medida em que eles contribuem para que seja percebida a qualidade total dos serviços.

Nos dias atuais, os serviços passam por um visível processo de incorporação de componentes tangíveis, por meio do uso crescente da tecnologia na sua produção. Esta tendência foi detectada por Levitt (1985: 60-78), que usa o termo *industrialização de serviços* para se referir à aplicação de tecnologia e de processos industriais nos serviços, por meio de tecnologias duras, tecnologias moles e tecnologias híbridas. As tecnologias duras colocam máquinas e equipamentos no lugar de pessoas, na produção de serviços. As tecnologias moles consistem na produção pela especialização da mão-de-obra: em vez de uma pessoa fazer todo o serviço, cada uma de suas etapas é realizada por um integrante nela especializado. As tecnologias híbridas combinam técnicas tanto das tecnologias duras como das tecnologias moles.

A comunicação pode permitir que o consumidor visualize os aspectos tangíveis da prestação de serviços, a exemplo do anúncio da Golden Cross, que ilustra com fotografias as informações objetivas do título da peça: "Com o nosso cartão você fica hospedado nos melhores lugares da cidade, anda nos carros mais velozes e tem atendimento de primeira". O texto ainda faz alusão a outros aspectos tangíveis do serviço da Golden Cross, como a significativa quantidade de médicos, hospitais, clínicas e laboratórios conveniados:

> "Quem tem o cartão Golden Cross pode se hospedar nos melhores hospitais da cidade, é sempre bem recebido por médicos e especialistas, anda em carros velozes tipo ambulâncias UTI e tem atendimento personalizado. Só o cartão Golden Cross oferece para seus associados 16.659 médicos, 1.144 hospitais, 1.957 clínicas e 1.354 laboratórios em todo o país. Não fique doente sem ele" (Golden Cross, 1993: 63).

As dimensões presentes nos produtos e serviços que, como vimos, estão representadas por suas principais características e por atributos provenientes da relação entre o prestador de serviço e os seus usuários, auxiliam sobremaneira a tarefa de alcançar altos níveis de qualidade. Entretanto, isto não é ainda suficiente: a qualidade efetiva do produto ou serviço precisa ser obrigatoriamente transformada em qualidade percebida pelo consumidor.

Assim, os argumentos e alegações de qualidade da marca prestam-se a ser comunicados pela publicidade de maneira eficiente e compreensível. Atingindo um grande número de pessoas, a comunicação publicitária permite explicar minuciosamente a cada consumidor por que o produto ou serviço possui uma qualidade superior, com base em fatos e dados que ainda podem estar revestidos de um forte conteúdo emocional, o que os tornam altamente persuasivos.

CAPÍTULO 6

A PUBLICIDADE NA CONSTRUÇÃO
DE ASSOCIAÇÕES COM A MARCA

O Brasil está entre o terceiro e o sexto maiores mercados mundiais de cigarros, sendo que apenas duas multinacionais operam no país: a Souza Cruz e a Philip Morris, que recentemente adquiriu as marcas nacionais da R. J. Reynolds, outra remanescente das inúmeras companhias tabagistas norte-americanas e inglesas que aportaram no Brasil na década de 60. Com um consumo *per capita* de 1,5 mil unidades/ano, o mercado brasileiro é dominado pela Souza Cruz. Em 1991, a companhia registrou 83,7% de participação no mercado (a maior de todos os tempos), teve nove de suas marcas entre as dez mais vendidas no país e ainda triplicou o seu volume de exportação.

A trajetória da Souza Cruz para alcançar a liderança do mercado apoiou-se na formação de uma extensa rede de distribuição, que abrange 300 mil pontos de varejo em todo o território nacional, e nos elevados investimentos em pesquisa e comunicação mercadológica. A pesquisa constituiu a ferramenta para o conhecimento mais aprofundado do mercado e dos gostos do consumidor, viabilizando constantes lançamentos de novas marcas e as necessárias reformulações de produtos já existentes para agregar novos valores e atributos. Por sua vez, a comunicação garantiu à Souza Cruz uma forte e poderosa imagem de marca, tanto de seus produtos quanto institucional, com a publicidade desenvolvendo mensagens que levam em conta os valores, gostos e posição social dos seus consumidores.

Um exame mais cuidadoso da comunicação de marca, especialmente as ações publicitárias desenvolvidas para o Hollywood, revela com facilidade que o grande valor da marca reside, principalmente, nas associações com ela estabelecidas de maneira constante e ininterrupta ao longo dos anos.

HOLLYWOOD: UMA ASSOCIAÇÃO DE SUCESSO

O porta-fólio atual de produtos da Souza Cruz é constituído de quinze marcas: Continental, Hollywood, Viceroy, Derby, Ritz, Capri, Free, Hilton, John Player Special, Lucky Strike, Belmont, Carlton, Plaza, Charm e Minister. O Hollywood, lançado em 1931, com o objetivo de vincular o nome ao sucesso de filmes da indústria cinematográfica de Hollywood, é a principal marca da companhia, mantendo nos últimos dez anos uma participação média de 15% nas vendas da Souza Cruz no Brasil. É exportada desde 1982 para os Emirados Árabes e para o Leste Europeu, sendo a marca mais consumida na Rússia, estando entre as cinco marcas mais vendidas pela British American Tobacco em todo o mundo.

Segundo a pesquisa *Top of Mind* do Datafolha, Hollywood é a marca mais lembrada pelos consumidores na categoria cigarro, obtendo 38% de menções, contra apenas 8% do segundo colocado, o Carlton, também marca da Souza Cruz. Apesar da liderança, a marca perdeu, em 1993, o primeiro lugar em vendas, devido ao fenômeno de *down-trading*, que nas épocas de crise econômica obriga os consumidores a migrarem das marcas mais caras para as mais baratas.

Em 1931, ano do lançamento do Hollywood, a publicidade brasileira era ainda bastante incipiente e tinha o jornal como principal veículo, seguido pelo rádio, que começava a estruturar-se em bases mais profissionais. Os primeiros temas da marca eram diversificados, mudando conforme a ilustração da peça. Com uma modelo, o Hollywood afirmava que era o "cigarro da moda"; com um pianista ensaiando um número musical, o *slogan* dizia que o cigarro era "uma inspiração".

Entretanto, a marca tinha uma associação natural com todo o *glamour* que a meca do cinema norte-americano ostentava, principalmente depois do advento do cinema falado. Mesmo no começo da década de 50 as primeiras campanhas para a televisão faziam referência à capital do cinema com *slogans* como "um Oscar de qualidade" ou "um Oscar de sabor".

Uma nova etapa da história de sucesso do Hollywood começou em 1973, ano em que a agência de publicidade Grant adotou a fórmula que se tornou um modelo a ser seguido por um longo tempo na comunicação da marca: promover a associação do produto com esportes de ação. Na primeira campanha de uma extensa série, iniciada em 1973 e que se prolongou até o final da década de 80, as peças eram ilustradas com fotos da prática de esportes como o motociclismo e o automobilismo, enquanto o título declarava de modo incisivo: "Ao sucesso com Hollywood". O texto enfatizava a associação da marca com o sucesso procurado pelos jovens no estudo, no trabalho e na competição esportiva:

> "Hollywood, o cigarro bem como você gosta: no tamanho certo, na embalagem vibrante, com o filtro perfeito, na exata combinação de fumos que dá aquele sabor inconfundível. Acenda seu Hollywood King Size Filtro e vá em frente: no estudo, no trabalho, na competição esportiva. Vá para vencer. Ao sucesso!" (Souza Cruz, 1974: 156).

As campanhas do Hollywood na mídia impressa logo abandonaram os textos e passaram a apoiar as cenas da prática de esportes no *slogan* "Ao sucesso com Hollywood", em seguida simplificado para "Hollywood. O sucesso". Posteriormente, os comerciais de televisão incluíram um novo ingrediente de sucesso em suas trilhas sonoras: músicas de rock inéditas que caiam rapidamente no gosto do público. O primeiro tema internacional adotado pela marca no filme "Ultraleve" foi da cantora inglesa Kate Bush, que alcançou grande sucesso nas paradas nacionais, o mesmo acontecendo com Peter Frampton, David Coverdalle (ex-Deep Purple), Steve Winwood, entre outros. A própria Souza Cruz editou dois *long-plays* com esses *hits* e firmou uma *joint-venture* com a Sony Music, lançando o selo Hollywood Records.

Assim, a valoração da marca por meio da associação com esportes de ação e com o rock beneficiou positivamente a imagem de marca, que passou a transmitir os valores dos seus usuários, constituídos por um público jovem, dinâmico e vibrante. Principalmente as atividades ao ar livre — muitas delas pouco conhecidas no Brasil e divulgadas pelos anúncios, como as asas-delta, o *paraglide* e o *jet ski* — refletem o ineditismo e a modernidade da marca.

Com o rodízio de marcas realizado pela Souza Cruz, em 1993, a conta do Hollywood coube à DPZ do Rio de Janeiro, que desenvolveu a campanha de lançamento da embalagem *flip-top*, veiculada a partir do mês de julho, com flagrantes de espetáculos de rock e de esportes como a canoagem, salto de pára-quedas em grupo, esqui e futebol americano. A atualização da marca continuou com anúncio (*Figura 21*) ilustrado com os *roller blades*, patinadores que andam pelas ruas de São Francisco, nos Estados Unidos, e mais o novo *slogan* "The Hollywood way" (Souza Cruz, 1993a: 42-43), que passou a ter o lazer como tema e sintetizou a maneira de ser dos fumantes da marca: alegre, jovial, dinâmica e descontraída.

Além disso, a marca tem promovido grandes eventos esportivos e musicais, a exemplo do Hollywood Rock, Hollywood Super Cross e a participação no Campeonato Mundial de Vôlei de Praia. O patrocínio de eventos reforça a associação entre esporte, música e qualidade de vida e a marca, e ainda garante uma grande visibilidade para o produto em razão da cobertura jornalística conseguida nos principais veículos de comunicação de massa.

ASSOCIAÇÕES PROMOVIDAS PELA MARCA

A marca Hollywood, por exemplo, está ligada a um segmento como os jovens, a uma atividade como o lazer, a uma característica do produto como o sabor, a um sentimento como a alegria de viver e a um estilo de vida como o das pessoas dinâmicas e vibrantes. Deste modo, Aaker (1991: 109) entende que uma associação é qualquer coisa que está ligada na memória com a marca.

O nível de força de uma associação vinculada a uma marca é proporcional ao número de experiências do consumidor e das exposições feitas pelos meios de comunicação ou, como no caso do Hollywood, pelos eventos que projetam uma realidade tangível para os seus públicos. Na verdade, a marca Hollywood está conectada a um dado conjunto de associações que estão organizadas de um modo que transmitam significação para que, na percepção do

Figura 21

consumidor, formem a imagem de marca. Estas associações também constituem a base para o posicionamento da marca, desde que se enquadrem em um quadro referencial:

> "O posicionamento está estreitamente relacionado com os conceitos de associação e imagem, exceto que ele implica um quadro de referência, sendo a concorrência o ponto usual de referência. Assim, o Banco da Califórnia é posicionado como sendo menor e mais amigável do que o Banco da América. O foco está, portanto, na associação ou imagem definida no contexto de um atributo (cordialidade) e um concorrente (Banco da América)" (Aaker, 1991: 110).

As associações contribuem inegavelmente para adicionar valor à marca, tornando-a diferente dos seus concorrentes e estimulando emoções e sentimentos. Muitas vezes, as associações podem fundamentar as decisões de compra, já que envolvem atributos do produto ou benefícios ao consumidor que proporcionam uma razão específica para a compra ou o uso do produto.

Tipos de associações

Uma marca bem posicionada pode ocupar uma posição estratégica competitiva se for sustentada por associações fortes. Os atributos do produto e os benefícios ao consumidor constituem as classes de associações mais importantes, mas há outras, que podem ser significativas, de acordo com o contexto do produto, da marca e da concorrência.

As associações mais utilizadas podem ser agrupadas em onze tipos: características do produto, atributos intangíveis, benefícios ao consumidor, preço, usos e aplicações, usuário ou comprador, celebridades e pessoas, estilo de vida e personalidade, classe do produto, concorrentes e área geográfica ou cidade. O gerenciamento de marcas não vai se preocupar com todas as associações, mas em desenvolver aquelas ligações que direta ou indiretamente afetem a decisão de compra ou contribuam para formar uma imagem de marca forte e consistente. Vamos examiná-las para discutir a natureza das mesmas e observar seu uso pela publicidade.

a) Características do produto: as características tangíveis do produto são os atributos mais comumente associados com a marca, pois uma ligação dessa natureza, se estiver provida de sentido, fornece ao consumidor as razões para a compra do produto. Em cada classe de produto, as marcas são associadas com os mais diferentes atributos. A Compaq ressalta a "excelência em qualidade dos seus computadores", a Mercedes-Benz apregoa "a confiabilidade de sua linha de caminhões leves", a Toyota ressalta a qualidade dos seus automóveis, a Pirelli sublinha a segurança dos seus pneus, a Subaru define os seus carros como "os mais revolucionários do mundo" em termos de tecnologia, a Delco insiste na característica da bateria Delco Freedom não exigir qualquer manutenção.

O atributo que o consumidor considere relevante e que não seja reclamado pelas marcas concorrentes constitui a base para o posicionamento da marca. Vale lembrar que, depois de um tempo decorrido do seu lançamento, todos os fabricantes de toalhas de papel estavam enfatizando a capacidade de absorção da água apresentada pelo produto. Uma nova vantagem competitiva veio a ser restabelecida com sucesso, por meio da diferenciação da marca, cujo papel não se desintegra no uso, fato que vinha merecendo constantes reclamações dos consumidores.

Em alguns casos, as associações estabelecidas com a marca são numerosas, na tentativa de incluir todos os argumentos de venda ou não ignorar nenhum segmento de mercado. Se as características não estiverem relacionadas entre si, como no caso das associações desenvolvidas para o Hollywood, a estratégia de posicionamento envolvendo muitos atributos do produto pode resultar na formação de uma imagem de marca confusa e até mesmo contraditória, em razão de serem muito limitadas a motivação e a habilidade da audiência em processar as mensagens múltiplas.

b) Atributos intangíveis: Aaker (1991: 116) apontou com muita propriedade os problemas que podem surgir da ligação da marca com as características funcionais do produto. Em primeiro lugar, essas características são extremamente suscetíveis às inovações e haverá sempre um concorrente a lançar no mercado um cereal com mais fibras, um iogurte com menos calorias ou uma aspirina de ação mais rápida. Em segundo lugar, na medida em que os produtos tornam-se cada vez mais parecidos em suas especificações, os consumidores ficam cada vez mais desnorteados. No momento em que inúmeras marcas disputam a preferência com base em uma mesma característica funcional, instala-se a dúvida no consumidor ou, o que é também comum, a falta de credibilidade para as alegações dos fabricantes. Em terceiro lugar, o consumidor pode tomar a sua decisão de compra não se baseando em uma característica específica ou ainda acreditando que as pequenas diferenças existentes nos atributos das diferentes marcas não sejam significativas.

Assim, atributos intangíveis como qualidade percebida, liderança tecnológica, saúde, vitalidade e jovialidade revestem-se de grande importância no processo de construção da imagem de marca. Por exemplo, a marca Carlton, líder de mercado no segmento de cigarros suaves e de preço superior, enfatiza na sua publicidade, desde a década de 70, a emoção de desfrutar "um raro prazer" (Souza Cruz, 1993b: 112), que é sugerida e reforçada nos anúncios (*Figura 22*) por elementos como candelabros de prata, cinzeiros de cristal, taças de vinho, pratos de porcelana e terrinas com caviar.

c) Benefícios ao consumidor: o benefício é percebido ou estabelecido pela relação entre uma característica do produto e a necessidade do consumidor que esta característica busca satisfazer. O esportivo Mazda MX-5, por exemplo, é um carro de elevada performance (uma característica do produto), que proporciona aos usuários "a emoção do verdadeiro prazer de dirigir" (um benefício). Torna-se fundamental, no desenvolvimento de associações, deter-

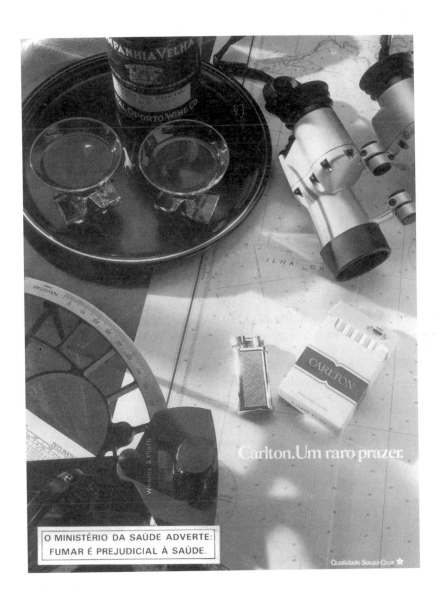

Figura 22

minar se o atributo predominante é a característica ou o benefício ao consumidor. Ao mencionar o Mazda MX-5, o consumidor pode pensar na imagem visual do automóvel ou de um motorista satisfeito após experimentar o prazer de dirigir.

Aaker (1991: 118-119) estabeleceu uma distinção entre os benefícios de ordem racional e os de natureza psicológica. Enquanto os benefícios racionais estão ligados a um atributo do produto e privilegiam o racional no processo de decisão, os benefícios psicológicos dizem respeito aos sentimentos que são engendrados quando se compra ou se consome o produto. O conhaque Dreher, ao explorar o *slogan* "Deu duro, tome um Dreher", promete uma recompensa de natureza psicológica depois de uma atividade física extenuante. Mesmo para produtos como computadores os benefícios psicológicos podem constituir um tipo poderoso de associação. O microcomputador IBM PS/1, que tem como argumento racional e atributo do produto a facilidade de uso, pode oferecer ao usuário benefícios psicológicos como o sentimento de destacar-se perante os outros pelo seu profissionalismo e modernidade.

Na verdade, estudos realizados por Stuart Agres (*apud* Aaker, 1991: 119) para determinar a força das associações construídas com base em benefícios psicológicos demonstraram que o ideal é a combinação de um benefício racional e de um benefício psicológico. Os respondentes do estudo foram apresentados a três novos conceitos de marcas de computador, xampu e banco, que foram avaliados em termos da percentagem de preferência dos usuários quanto aos atributos racionais, psicológicos e mistos (um racional e um psicológico). Em todos os casos, a combinação de um benefício racional e um psicológico obteve um escore significativamente superior: uma média de 81% contra 64%, para os apelos racionais; e 55%, para os apelos psicológicos. Os xampus e condicionadores Cristal Line, por exemplo, combinam muito bem em seu anúncio (*Figura 23*) tanto benefícios racionais como psicológicos:

"Cristal Line. Shampoos que não deixam resíduos. Condicionadores que não têm efeito acumulativo. Você usa todos os dias, quantas vezes quiser. Deixam seus cabelos macios, sedosos, brilhantes e com volume. Mas o melhor é que Cristal Line deixa você mais bonita" (Shizen, 1994: 35).

d) Preço relativo: o preço é um dos atributos do produto, mas será considerado separadamente por seus muitos usos e extrema generalização. Em muitas classes de produtos e serviços há diferentes níveis de preço, que contribuem para que a marca seja avaliada em função de sua posição em determinada categoria. A marca pode ser definida como *premium*, luxo, regular, média e de baixo preço. Há ainda uma relação percebida entre preço e qualidade: de maneira genérica, pode-se dizer que o preço alto é percebido como garantia de boa qualidade do produto ou serviço.

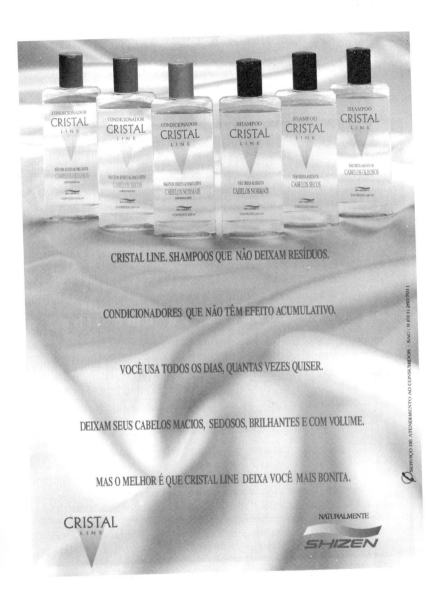

Figura 23

Deste modo, o posicionamento da marca com respeito ao preço relativo pode ser bastante complexo. Os consumidores brasileiros, conscientes da melhor qualidade das marcas importadas, desenvolveram a crença de que os preços de venda destes carros seriam proibitivos. No caso das marcas *tops*, por exemplo, a suposição é verdadeira. Mas a Suzuki mostrou em anúncio (*Figura 24*), veiculado em dezembro de 1993, que os preços dos carros da marca estavam ao alcance da grande maioria dos consumidores. "Olha aqui o seu Feliz Natal" era o título da peça, que ainda explicitava no seu texto as facilidades oferecidas para o pagamento:

"E para facilitar, a Suzuki tem o Plano Suzuki Já, com diversas formas de pagamento para pessoas físicas e jurídicas: à vista com desconto, financiamento direto em até 24 meses, leasing e consórcio" (Suzuki: 1993a, 22-23).

e) Usos e aplicações: a associação da marca com o uso ou aplicação vem sendo mantida há muitos anos pela esponja de aço BomBril com as suas "1001 utilidades". A Renault promove uma clara associação da *station wagon* Renault 21 Nevada TXE com o uso no transporte de escolares, que contribui para melhorar o trânsito na volta à escola por ser a única a comportar assentos para sete pessoas: a mãe ou pai e seis estudantes. Logo, conclui a peça, "quanto mais espaço para mães, pais e estudantes, menos carros nas ruas" (Renault, 1993: 2).

O posicionamento com base nos usos e aplicações do produto pode ser usado como uma segunda ou terceira posição para a marca, uma estratégia deliberada para expandir o mercado. Por exclusão, a Itec chama a atenção no título do anúncio (*Figura 25*) do AS/400 para as possibilidades de uso do equipamento em trabalhos que não exijam em grau elevado os cálculos numéricos e as aplicações gráficas: "10% das empresas precisam de computadores para cálculos intensamente numéricos e aplicações altamente gráficas. As outras precisam do AS/400". O AS/400, explica a Itec no texto, é uma nova categoria de computador que atende às necessidades de usos presentes em 90% das empresas:

"O AS/400 não é um computador que faz absolutamente tudo, mas seu desempenho global supera o de qualquer outro concorrente.

Fácil de instalar, de usar e de manter, o AS/400 é ideal para empresas que precisam de um computador capaz de realizar muitas tarefas diferentes, que opere com uma interface simples, ampliando o acesso às informações, e que não dependa da constante assistência de especialistas.

Embora possam existir soluções específicas para aplicações de cálculo intensivo, o AS/400 é o equipamento que a grande maioria das empresas está procurando.

Mesmo competindo com todos eles, o AS/400 não é um mainframe, um minicomputador ou servidor de PCs. O segredo do seu sucesso é ter criado uma nova categoria, incorporando, num só produto, o que 90% das empresas esperam de um computador" (Itec, 1993: 18-19).

Figura 24

Figura 25

f) Usuário ou comprador: a associação da marca com o tipo de usuário do produto ou consumidor é outra estratégia de posicionamento que pode ser altamente eficiente quando combinada com uma estratégia de segmentação de mercado. Aaker (1991: 123) observa que identificar a marca com o seu *target* é geralmente uma boa maneira de atrair o segmento visado. O protetor solar Coppertone Sport, desenvolvido nos Estados Unidos para proteger o usuário na prática de esportes ao ar livre, vem sendo comercializado no Brasil, desde 1993, com uma comunicação que reforça a ligação da marca com os adeptos de todos os esportes, segmento para o qual o produto está dirigido. Também a "geração saúde" é o usuário visado nas campanhas publicitárias do Redoxon, marca do Laboratório Roche que suplementa as necessidades diárias de vitamina C para aumentar a resistência e as defesas naturais do organismo.

A Hewlett Packard, por sua vez, afirma que os portáteis HP são "o equipamento obrigatório do profissional de última geração", já que os executivos que precisam ter as informações permanentemente disponíveis constituem os principais usuários do produto. Os equipamentos multimídia também reforçam a associação de suas marcas com os usuários. Como o microcomputador Amiga, a marca mais popular na Europa, que se intitula "o passaporte de toda a família para o Primeiro Mundo". E também a Itautec pondera, no título do anúncio (*Figura 26*) do modelo IS Multimídia: "Você ouve música, vê TV, lê, estuda e se diverte. Então, você já está pronto para o IS Multimídia". No texto da peça o equipamento é definido como o computador da família por combinar diversas funções:

> "IS Multimídia. O computador da família. Integrando som, imagem e informação com os recursos excepcionais do 486, o IS Multimídia é o que existe de mais atual em tecnologia. Através de suas múltiplas formas de comunicação, possibilita a execução de diversas funções, tais como: enciclopédias, atlas, processamento de imagens, CD's normais de música, programas educativos, jogos e outros" (Itautec, 1993: 67).

Diferentemente da estratégia de ligação da marca com usos e aplicações do produto, a associação com usuários e consumidores pode restringir a capacidade de uma marca para ampliar o seu mercado ou provocar o envelhecimento da imagem de marca. O Club Med, que teve primordialmente a imagem de um lugar para o lazer de pessoas solteiras querendo se conhecer, experimentou dificuldades posteriores na tentativa de aumentar sua base de consumidores ao implantar seis unidades destinadas a receber crianças.

Na década de 60, por sua vez, a associação muito forte promovida, nas campanhas publicitárias da marca Pond's, pelos anúncios ilustrados com fotos de belas mulheres da época causou o gradativo envelhecimento da marca, que é hoje julgada ultrapassada pela nova geração. O rejuvenescimento da marca exigiu consideráveis investimentos em comunicação para divulgar valores como modernidade, dinamismo e juventude, presentes nos representantes da geração "cara-pintada" que passaram a ilustrar os anúncios da linha Pond's.

Figura 26

g) Celebridades e pessoas: as pessoas em evidência no mundo artístico, esportivo e cultural podem transferir para a marca muito do prestígio e do reconhecimento que desfrutam. O *chef* Laurent Suaudeau, proprietário do restaurante francês Laurent, recomenda a maionese Gourmet com reconhecida autoridade: "Leve, deliciosa e prática. Escolha como eu, Gourmet". Atrizes famosas são identificadas com cada uma das características da linha de eletrodomésticos da Arno, a exemplo de Fernanda Montenegro, a primeira-dama do teatro nacional (qualidade), Marília Pêra (versatilidade), Bruna Lombardi (beleza) e Malu Mader (modernidade).

Os fabricantes de equipamentos esportivos enfrentam o desafio de provar a superioridade de suas marcas em um mercado altamente competitivo e, com freqüência, recorrem ao testemunho de grandes atletas como a tenista Pam Shriver (raquetes Prince), o jogador de basquete Michael Jordan (tênis Nike), e, mais recentemente, Sergey Bubka, detentor de 32 recordes mundiais em salto com vara, que usa o Air Trainer Max da Nike em seus treinamentos. Todavia, há o perigo de que o comportamento dos artistas e esportistas envolva riscos para a imagem de marca, como aconteceu com o cantor Michael Jackson. Desde 1984, o artista está associado com a Pepsi-Cola, que patrocina suas turnês internacionais, tendo enfrentado em 1993 acusações de abuso sexual de menores amplamente divulgadas pela imprensa mundial e que podem, eventualmente, refletir negativamente na imagem da Pepsi-Cola.

Devido ao seu sucesso, a campanha Portraits, criada pela Ogilvy & Mather para o cartão de crédito American Express vem sendo veiculada em todos os países em que a empresa atua. Os anúncios mostram diferentes personalidades clientes do American Express, tais como Ella Fitzgerald, Ray Charles, Luciano Pavarotti e Sophia Loren, e todas elas fotografadas com exclusividade pela norte-americana Annie Leibovitz. O texto da peça é limitado a uma única linha, que informa o ano em que o usuário tornou-se associado do cartão. A série brasileira da Portraits contou, entre outros, com a atriz Sônia Braga, o escritor Jorge Amado, o ator Paulo Autran (*Figura 27*), o cirurgião plástico Ivo Pitanguy e o cantor Gilberto Gil.

Pessoas comuns, como o homem da "terra de Marlboro", e as figuras de ficção também podem ser vantajosamente associadas a uma marca, pois permitem um maior controle do que no caso de personagens vivos, que envelhecem e se modificam com o passar do tempo. Um dos melhores exemplos do acerto na escolha de um personagem é o "Garoto BomBril", interpretado com sucesso pelo ator Carlos Moreno desde 1978. Apesar dos dezesseis anos de existência do personagem, na mais longa série da publicidade brasileira, a atualidade do Garoto BomBril é mantida pela constante renovação dos temas dos anúncios.

h) Estilos de vida e personalidade: as marcas podem promover associações com o estilo de vida e a personalidade real ou pretendida de seus consumidores, criando uma imagem de marca rica, complexa e muito distinta daquela dos seus concorrentes. A campanha da "Geração Pepsi" teve por base

Figura 27

um estudo promovido junto aos consumidores da Pepsi e da Coca-Cola, que identificou a personalidade de cada marca. A Coca-Cola projetou uma imagem da típica família norte-americana e dos valores rurais da América, enquanto a Pepsi-Cola foi considerada excitante, inovadora e em rápido crescimento, valores que a Pepsi explorou na campanha para reforçar a sua imagem.

O médico ocupado com os seus afazeres profissionais e o músico que tem vida e trabalho noturnos são os diferentes estilos de vida a que o Bradesco recorre para afirmar que o banco oferece sempre o melhor. A Samello divulga os modelos *docksides* da marca para aqueles que desfrutam de um estilo diferenciado, onde correr fica melhor para os tênis. E a Suzuki apela, no anúncio (*Figura 28*) do jipe Samurai, para um traço da personalidade dos seus eventuais consumidores: o desejo de aventuras. Antecipando que o Samurai é um carro para colecionadores de aventuras, o texto da peça discorre sobre as características do jipe e a sensação de viver de maneira emocionante:

"Ter um Samurai não é para qualquer um. Samurai é para aquelas pessoas que acham os obstáculos pura diversão. Que nunca fazem as coisas da maneira mais fácil — sempre da mais emocionante. Mas não confundem viver aventuras com se aventurar. Quem tem um Samurai sabe muito bem por onde anda. Samurai tem tração nas 4 rodas com suspensão dianteira e traseira super-reforçadas, 5 marchas, injeção eletrônica, ar-condicionado e muita emoção. Tudo original de fábrica. Foi desenvolvido com toda a tecnologia e sabedoria dos japoneses da Suzuki para levar você a todos os lugares. On the road and off-road. Por isso, o fim do caminho para os outros é o começo da aventura para um Samurai. Pense bem aonde você quer chegar. Com o Samurai você pode conseguir" (cf. Suzuki, 1993: 37).

i) Classe do produto: o posicionamento com base na classe do produto pode ser utilizado para associação com a marca. Assim, Nescafé é definido como um café instantâneo e os cereais da Kellogg's apresentam-se como o primeiro alimento da manhã. Entretanto, algumas marcas buscam reposicionar o produto para estabelecer uma categoria em que figurem de maneira diferenciada e exclusiva. No caso da Kellogg's, o cereal All-Bran enfatiza o produto como excelente fonte de fibras. A Citizen vai ainda mais longe, ao reposicionar nos anúncios da marca (*Figura 29*) os modelos Promaster como equipamentos de mergulho.

j) Concorrentes: o posicionamento da marca pode ter como aspecto dominante o quadro referencial dos seus concorrentes. Existem situações que justificam uma comparação, como no caso apontado por Aaker (1991: 127), de o concorrente possuir uma imagem sólida e construída ao longo de muitos anos, que vai possibilitar que ela seja utilizada como ponte para ajudar a comunicar a outra imagem de marca que a tem como referencial. Outra oportunidade surge da clássica forma de posicionamento adotado pela Avis na campanha "We're number two, we try harder", que considerou ser mais importante que os consumidores acreditem que a Avis é melhor do que o seu concorrente, em vez de se preocupar com a sua posição de segundo

Samurai.
Um carro para colecionadores.
De aventuras.

Ter um Samurai não é para qualquer um. Samurai é para aquelas pessoas que acham os obstáculos pura diversão. Que nunca fazem as coisas da maneira mais fácil — sempre da mais emocionante. Mas não confundem viver aventuras com se aventurar. Quem tem um Samurai sabe muito bem por onde anda. Samurai tem tração nas 4 rodas com suspensão dianteira e traseira super-reforçadas, 5 marchas, injeção eletrônica, ar condicionado* e muita emoção. Tudo original de fábrica. Foi desenvolvido com toda a tecnologia e sabedoria dos japoneses da Suzuki para levar você a todos os lugares. On the road and off-road. Por isso, o fim do caminho para os outros é o começo da aventura para um Samurai. Pense bem aonde você quer chegar. Com o Samurai você pode conseguir.

*Disponível somente no modelo VX2

Figura 28

112

Figura 29

lugar e do que os usuários pudessem pensar a respeito dela. A mensagem da Avis deixava claro que a Hertz, a primeira colocada, era tão grande que não precisava trabalhar duro.

Nas classes de produtos difíceis de avaliar, a comparação pode ser eficiente para criar uma posição predominante relacionada especialmente a atributos como o preço e a qualidade. Deste modo, diante de duas marcas com qualidade similar, o consumidor vai ficar fortemente propenso a adquirir a de menor valor, por oferecer uma melhor relação custo/benefício. Já no caso de produtos de informática, a Digital Equipment do Brasil divulgou os resultados dos testes realizados pela *Informática Exame* para comparar as estações de trabalho das marcas disponíveis no Brasil. Com pouca sutileza, o título do anúncio (*Figura 30*) informou: "A Digital Equipment Corporation anuncia três novas workstations que colocam os modelos da IBM™, da HP™ e da Sun™ em seus devidos lugares". O texto da peça descrevia os equipamentos da marca que superaram com folga todos os concorrentes:

"A Digital anuncia três novos produtos de sua família de Workstations Alpha AXP(TM) — a mais veloz família de Workstations do mercado mundial. DEC 3000 modelo 300L AXP, o mais rápido do mundo, na categoria abaixo dos US$ 5,000 (mercado americano). DEC 3000 modelo 300 AXP, a mais rápida do mundo, na categoria abaixo de US$ 10,000 (mercado americano). DEC 3000 modelo 500 AXP — simplesmente a Workstation mais rápida do mundo" (Digital, 1993: 47).

Por sua vez, a *Folha de S. Paulo* e *O Estado de S. Paulo* têm empregado com muita freqüência a publicidade comparativa, que menciona explicitamente o respectivo concorrente e compara as mais diversas características de cada jornal. Maior jornal do país em circulação, a *Folha de S. Paulo* vem desenvolvendo, desde 1992, uma extensa campanha publicitária enfatizando que a sua circulação é superior à de *O Estado de S. Paulo*, seu concorrente direto. Os anúncios marcam os 50% a mais de circulação da *Folha* por meio de 50 frases inesquecíveis, de 50 piadas, do carro modelo 50, do jóquei com 50 quilos e dos 50 estados norte americanos, entre outros.

l) Cidade ou área geográfica: uma cidade, uma região geográfica ou um país podem trazer conotações muito fortes com determinados produtos, materiais ou capacidades. Dessa maneira, a Alemanha está associada com cerveja e produtos ópticos, a Itália com sapatos e artigos de couro, a França com perfumes e alta-costura, a Rússia com a vodca, o Chile com vinhos e o Japão com a miniaturização de equipamentos eletrônicos.

Essas associações podem ser exploradas pela ligação de uma marca com um país, o que vai resultar em uma imagem forte e consistente. A Teacher's focaliza no anúncio (*Figura 31*) da marca a sua procedência escocesa, país conhecido e reconhecido como produtor do melhor uísque do mundo. Além de ressaltar de maneira bem-humorada o prestígio do produto no título — "Na Escócia, é o presente preferido de quem não agüenta mais ganhar meia,

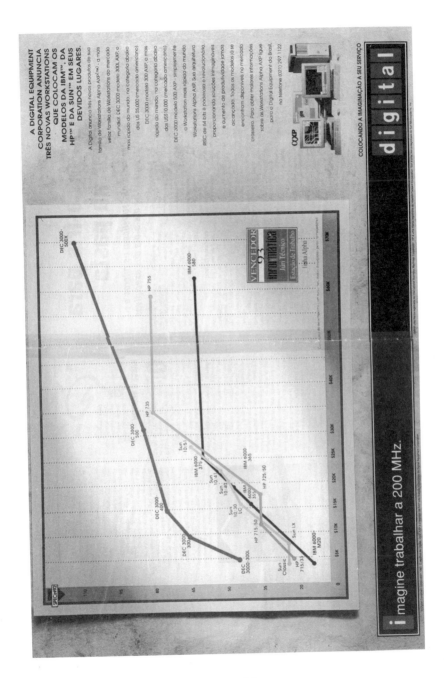

Figura 30

Figura 31

gravata e saia no Dia dos Pais" — a peça sugere no *slogan* que a bebida traz a presença da Escócia em nosso país: "Teacher's. A Escócia no Brasil".

Seleção de associações

Os tipos de associações anteriormente descritos oferecem uma ampla gama de opções para que sejam selecionados aqueles que melhor contribuam para o adequado posicionamento da marca. Particularmente no caso de novos produtos e serviços, as associações escolhidas irão predeterminar os elementos a serem trabalhados no planejamento de marketing. Uma nova rede de pizzarias, por exemplo, ao decidir desenvolver como principal associação a entrega a domicílio, deve gerar um nome de marca e um símbolo que contemplem esta característica, assim como toda a programação de suas operações deve levar em conta a associação.

Para uma marca já firmada, a decisão de posicionamento é mais complexa, devido ao conjunto de associações que foi anteriormente estabelecido. Nessas condições, portanto, deve ser examinado quais associações podem ser criadas, realçadas, enfraquecidas ou até mesmo eliminadas. O critério básico a ser observado em qualquer decisão deve ser a capacidade de as associações darem suporte a vantagens competitivas que sejam sustentáveis e convincentes.

A decisão de seleção das associações envolve três variáveis de natureza econômica. A primeira é a *resposta do mercado*, a ser dada com base em sua sensibilidade para com as associações eleitas. A segunda diz respeito ao *volume de investimentos* necessários, enquanto a terceira está relacionada com o *custo marginal* envolvido na associação. Entretanto, em razão da dificuldade de previsão das vendas e dos custos, que estarão associados com uma decisão específica de posicionamento, outros critérios podem ser adotados na análise das associações a serem realizadas com a marca, a partir de considerações sobre os atributos e percepções da marca, as associações empregadas pelos concorrentes e o mercado-alvo.

Como princípio geral, as associações devem ser consistentes com os atributos e percepções da marca. Uma marca deve prometer apenas aquilo que pode cumprir, pois qualquer tentativa de criar associações que sejam incoerentes com os atributos percebidos na marca gera o ceticismo dos consumidores. Por sua vez, as percepções da marca chegam muitas vezes a ser mais importantes do que o próprio produto, principalmente quando forem fortes em razão de um nome ou da publicidade anterior da marca. A natureza e a força das associações existentes precisam ser conhecidas para evitar que a ocupação de posições estranhas ao quadro de percepções da marca incorram na falta de credibilidade do consumidor, pela incompatibilidade com a imagem pretendida.

O conhecimento das associações usadas pelos concorrentes também é extremamente útil, para que sejam desenvolvidas ligações próprias e exclusivas a partir de características funcionais ou, nas classes em que os produtos sejam muito similares, por meio de atributos intangíveis. Entretanto, Aaker (1991: 158-159) lembra que algumas vezes é proveitoso desenvolver diversas associações comuns com os concorrentes e apenas um único ponto de diferença. Trata-se do caso particular dos *clones* do computador pessoal IBM: todos os concorrentes salientam o fato de serem idênticos aos modelos IBM, em suas principais características funcionais, com o claro propósito de terem as suas marcas consideradas pelos eventuais *prospects*, mas estabelecem um diferencial quando afirmam terem um preço menor ou serem mais rápidos.

Por fim, as associações criadas devem construir ou desenvolver as forças e atributos da marca para sensibilizar e motivar a resposta do mercado-alvo por meio de um diferencial que forneça uma razão de compra ou agregue valor ao produto. Na maioria da vezes, são as associações baseadas em atributos do produto que representam uma razão de compra específica. Já a valoração da marca é obtida por meio da associação de um sentimento com a marca e sua experiência de uso. No caso da American Express, por exemplo, os anúncios testemunhais de personalidades associadas ao cartão trazem prestígio aos seus portadores nas ocasiões de uso.

CAPÍTULO 7

A PUBLICIDADE NA FORMAÇÃO DA FIDELIDADE À MARCA

A decisão de compra do consumidor pode ser feita com base em fatores como as características do produto, o preço ou a sua própria conveniência, que não apresentam nenhuma relação com a marca. Entretanto, há casos em que, a despeito das características superiores de outro produto, de seu preço mais vantajoso e de maior conveniência, o consumidor continua dando preferência a determinada marca, por apresentar valores substanciais que constróem a firme lealdade do usuário, de uma maneira que não seja possível transferir à outra.

Desde suas origens, as ações empreendidas ao longo dos tempos pela The Coca-Cola Company contribuíram para criar um alto nível de envolvimento e comprometimento do consumidor com a marca. Entre elas, a publicidade desempenhou um papel vital para a construção da fidelidade do consumidor, ao explorar convenientemente os valores mais predominantes na sociedade norte-americana e estabelecer profundas ligações da marca com quase todos os aspectos de sua vida.

COCA-COLA: ISSO É QUE É

No século XIX, o estado rudimentar da medicina constituía uma das principais causas para a grande proliferação das panacéias universais de fórmulas secretas, que representavam uma alternativa mais segura para a cura dos males que afligiam a população, tanto nos centros urbanos quanto na área rural. Nos Estados Unidos, os gastos na publicidade desses tônicos e preparados eram significativos para a época, chegando no final do século a existir diversos anunciantes que investiam um milhão de dólares por ano em promoção.

> "Os fabricantes desses remédios foram os primeiros homens de negócios americanos a reconhecer o poder da frase e da palavra chamativa, do logotipo e da marca registrada identificáveis, da recomendação de celebridades, do apelo ao *status* social, da necessidade de continuar a usá-lo sempre'" (Pendergrast, 1993: 28).

Na cidade de Atlanta, o velho médico e farmacêutico John Stith Pemberton era bastante conhecido e respeitado pelas inúmeras panacéias que fabricava e vendia para curar males como tosse, dispepsia, dor de cabeça e fraqueza sexual. Em maio de 1886, após dedicar dez longos anos de sua vida aos experimentos com extrato de coca, a mistura do xarope com água gaseificada, em vez de água pura, fez surgir uma bebida efervescente que mereceu a aprovação de muitos clientes. Batizada de Coca-Cola, a fórmula era indicada para aliviar a fadiga e curar dores de cabeça, sendo em seguida comercializada simultaneamente como remédio de fórmula secreta e como artigo popular nos pontos-de-venda de bebidas gaseificadas.

O primeiro anúncio da Coca-Cola foi publicado no *Atlanta Journal*, em sua edição de 29 de maio de 1886, e nele apareciam os adjetivos *delicioso* e *refrescante*, que aos poucos foram se tornando verdadeiros sinônimos da marca. O texto da peça era bastante curto para os moldes da época, talvez por falta de maiores recursos para investimento em publicidade, que no primeiro ano importaram em apenas US$ 150 e foram investidos ainda em faixas para colocação nos pontos de gasosas, cartazes e anúncios nos bondes de Atlanta.

> "Coca-Cola. Deliciosa! Refrescante! Estimulante! Revigorante! A nova e popular bebida de balcão de gasosas, contendo as propriedades da maravilhosa planta Coca e da famosa noz Cola" (Pendergrast, 1993: 44).

A patente da Coca-Cola foi concedida a Pemberton no dia 28 de junho de 1887. No mês seguinte, doente e preocupado em levantar dinheiro, o inventor da fórmula iniciou uma confusa série de transações de venda dos direitos sobre a Coca-Cola. Entre os compradores estava Asa Candler, um usuário da bebida como antídoto para combater suas freqüentes dores de cabeça, e que obteve, em 1888, o controle legal completo da Coca-Cola. Ativo e empreendedor, em 1891 Candler abandonou todos os seus interesses no negócio de remédios para dedicar-se exclusivamente à Coca-Cola, investindo os lucros em anúncios por toda a Geórgia e, em menor escala, no resto do Sul. No dia 29 de dezembro, Asa Candler requeria o registro da The Coca-Cola Company como sociedade anônima, que foi expedido pelo Departamento de Patentes no dia 29 de janeiro de 1892, iniciando-se então um período de grande expansão comercial.

As vendas cresciam vertiginosamente: quase 20 mil galões em 1891, 35.360 em 1892, 48.427 em 1893, 64.333 em 1894; e 76.244 em 1895. Segundo Pendergrast (1993: 68-69), a publicidade era o principal sustentáculo do sucesso da Coca-Cola, com um orçamento que equivalia a pouco mais da metade dos gastos em ingredientes e que estava direcionado para placas indicativas de pontos-de-venda, folhinhas, brindes e anúncios em jornais. Todas as peças destacavam o logotipo da Coca-Cola e apregoavam suas qualidades medicinais como tônico ideal para o cérebro, a dor de cabeça e o nervosismo.

Em 1895, a publicidade mudava radicalmente, com a alteração do posicionamento da Coca-Cola de remédio para refrigerante. A promoção da bebida devia agora atingir milhões de pessoas e, com isso, retornavam os anúncios, que diziam simplesmente: "Beba Coca-Cola. Deliciosa e refrescante". O orçamento extremamente generoso incluía anúncios em jornais, cartazes, tabuletas em bondes, folhinhas, bandejas, relógios de parede, termômetros e marcadores de páginas para estudantes.

O relatório anual de 1897 informava que a bebida era vendida no Canadá e no Havaí e que existiam planos para entrar no mercado mexicano. Nos Estados Unidos, a empresa instituiu um programa de reembolso para incentivar os representantes. Quanto mais o atacadista vendesse no período de um ano, mais ganharia como prêmio. E, no dia 28 de dezembro de 1899, Asa Candler descrevia, na sede de Atlanta, os resultados financeiros da companhia. Haviam sido vendidos quase 36 milhões de copos de Coca-Cola durante o ano e investidos 48 mil dólares em publicidade e 38 mil dólares em reembolsos. Estavam disponíveis no caixa mais de 200 mil dólares, além de 50 mil dólares em propriedades imobiliárias.

O engarrafamento de Coca-Cola

Advogados e empresários, Benjamin Franklin Thomas e Joseph Brown Whitehead desenvolveram a crença de que o engarrafamento de bebidas gaseificadas vendidas nos balcões de soda era um grande e promissor negócio. Após diversos contatos para convencer um relutante Asa Candler, os sócios obtiveram sua aprovação e, no dia 21 de julho de 1899, as partes assinavam um contrato de autorização do engarrafamento da Coca-Cola válido para quase todo o território americano.

Na opinião de Pendergrast (1993: 79), o acordo revelou-se ao mesmo tempo o mais inteligente e o mais estúpido contrato comercial do mundo. Os engarrafadores eram obrigados a usar apenas o xarope de Coca-Cola, que permanecia como propriedade exclusiva da The Coca-Cola Company. O xarope era vendido a US$ 1 dólar o galão e a empresa arcava com os investimentos em publicidade. O método, bastante simples e inteligente, foi o núcleo de um sistema de franquia inovador e dinâmico que, posteriormente, contribuiu para a presença da Coca-Cola em todos os países do mundo. Ao mesmo tempo, por não determinar um prazo de duração do contrato, não prever a alteração no preço do xarope para acompanhar a evolução de custos dos ingredientes e, ainda, por permitir que Thomas e Whitehead sublocassem a concessão para outras companhias de engarrafamento, o documento trouxe problemas legais para a Coca-Cola no século seguinte. Milhões de dólares seriam gastos pela The Coca-Cola Company para comprar de volta os direitos de engarrafamento, que foram graciosamente cedidos no primeiro momento.

Surgia a Coca-Cola Bottling Company, como sociedade anônima, no dia 9 de dezembro de 1899, inovando com a presença da Coca-Cola nos armazéns de secos e molhados e nas tavernas, vendida a 5 centavos de dólar e colocando-se ao alcance de um novo segmento de consumidores. Depois de um ano, uma divergência entre Thomas e Whitehead causou a divisão de seu territórios, dando origem a uma segunda engarrafadora, a The Coca-Cola Bottling Company. Estas companhias, chamadas de *engarrafadoras principais*, estimularam o surgimento de diversas unidades de produção denominadas *engarrafadoras locais* ou *de primeira linha*. Sem a necessidade de investimentos, a The Coca-Cola Company via os negócios crescerem rapidamente e a publicidade ganhar extraordinário impulso com a difusão do logotipo da Coca-Cola nas novas regiões e territórios cobertos pelos engarrafadores locais.

No começo do século XX, a Coca-Cola deixou de ser um simples refrigerante para se transformar em um fenômeno, atraindo a atenção de inúmeros opositores e gerando controvérsias quanto ao conteúdo de cocaína na bebida. Já desde 1903, o princípio ativo das folhas de coca utilizadas na bebida fora eliminado, mas a companhia preferiu não fazer alarde disso, optando por maciços investimentos em publicidade que destacassem as qualidades saudáveis da bebida.

Dos quase US\$ 85,000 investidos em publicidade, em 1900, a empresa chegou, em 1912, a uma verba superior a um milhão de dólares. Em 1913, os anúncios da Coca-Cola figuravam em mais de 100 milhões de itens diferentes, como termômetros, figurinhas de montar em papelão, anúncios de metal, leques japoneses, folhinhas, bandejas para balcões de soda, caixas de fósforo, mata-borrões, cartões com efígies de jogadores de beisebol e cartazes de papelão e metal.

A garrafa da Coca-Cola

Até então, as garrafas de lado reto da Coca-Cola eram iguais às das outras gasosas, e os imitadores aproveitavam para confundir o consumidor, adotando os mesmos rótulos em forma de losango da Coca-Cola, um logotipo em cursivo ou ainda nomes parecidos, como Chero-Cola, Kaw-Cola, Cold-Cola, Cherry-Kola, Candy-Cola e demais variações.

A primeira tentativa de diferenciar o produto ocorreu com a padronização da colocação do logotipo da Coca-Cola, gravado na parte superior da garrafa, que se mostrou ineficaz. A idéia de mudança no formato da garrafa para um modelo exclusivo surgiu em julho de 1915, com o pedido feito pela companhia a diversas fábricas de vidro para que desenvolvessem o protótipo de uma garrafa diferente.

> "Os empregados da Root Glass Company buscaram inspiração nos ingredientes da bebida. Na biblioteca de Terre Haute, Indiana, o auditor da companhia não conseguiu encontrar nenhuma ilustração de folha de coca ou da noz de cola que lembrasse uma garrafa. A ilustração de uma vagem de bagas de cacau, perto do verbete coca na Encyclopaedia Britannica, despertou-lhe a atenção. Ele pode, na verdade, ter confundido cacau com coca. (...) Usando o contorno estriado da vagem do cacau como ponto de partida, Earl Dean, o maquinista da companhia, produziu algumas garrafas de amostra minutos antes de a fornalha ser arrefecida antes da estação de verão" (Pendergrast, 1993: 105).

A garrafa-funil foi aprovada na Convenção de Engarrafadores de 1916 e o tamanho de seu bojo sofreu uma redução no meio, para se adaptar ao equipamento de engarrafamento. Alguns anos se passaram até os licenciados aceitarem usar a nova garrafa, por ser mais cara. Também a entrada dos Estados Unidos na Primeira Guerra Mundial trouxe dificuldades para os negócios da Coca-Cola, devido ao racionamento de açúcar, ao imposto adicional de 10% sobre refrigerantes, aprovado pelo Congresso para fazer frente ao esforço de guerra, e à redução pela metade da produção de refrigerantes, atendendo a um pedido do governo.

Após o fim da guerra, em novembro de 1918, a Coca-Cola deu continuidade aos investimentos em publicidade. A D'Arcy Advertising Company, agência de St. Louis que atendia a Coca desde 1906, promoveu várias mudanças nos anúncios. As alegações de natureza medicinal foram abandonadas e as peças tornaram-se mais sofisticadas, com desenhos, em cores, de mulheres praticando golfe ou tênis, um mínimo de texto e uso do branco como elemento de valorização. O primeiro *slogan* de sucesso da Coca-Cola, "A sede não conhece estação", é de 1922 e foi usado em anúncios de inverno da campanha, embora a companhia sempre sugerisse a Coca-Cola como uma bebida para todas as estações.

Os melhores artistas da época foram contratados para ilustrar os anúncios e, entre eles, Norman Rockwell expressou como ninguém o tema nostálgico da América rural, que impregnou fortemente a publicidade da Coca-Cola na década de 20. Por sua vez, o ritmo de vida frenético nos agitados centros urbanos mereceu um *slogan* marcante — "A pausa que refresca", criado em 1929. No mesmo ano, as estradas e vias expressas americanas foram cobertas por 1,5 milhão de postos de gasolina e serviços, ponto-de-venda que passou rapidamente a representar um grande escoadouro para refrigerantes. E, no exterior, a Coca-Cola já havia instalado engarrafadoras em 78 países e providenciado o imediato registro da marca.

Cinema e rádio como mídias publicitárias

Na década de 30, a Coca-Cola descobriu o cinema e contratou grandes astros para aparecer nos anúncios: Claudette Colbert, Jackie Cooper, Joan Crawford, Clark Gable, Greta Garbo, Cary Grant, Randolph Scott, Loretta Young, entre outros. O refrigerante era distribuído gratuitamente nos estúdios e *sets* de filmagens por cortesia do engarrafador local. E, em 1939, Spencer Tracy pedia duas Coca-Colas no filme *Test pilot*.

O rádio constituía também um importante instrumento de lazer, no final dos anos 30, e as famílias ouviam, em média, quatro horas e meia de programação por dia. A verba publicitária destinada pela The Coca-Cola Company para o patrocínio de programas musicais e de esportes atingiu quase US$ 400 mil. Cada espetáculo tinha início com um hino especial da Coca-Cola em compasso de valsa.

Em 1938, os executivos da The Coca-Cola Company prescreveram para a agência D'Arcy Advertising Company os 35 mandamentos para a publicidade da Coca-Cola. Entre as recomendações, Pendergrast (1993: 173) destacava as seguintes:

- "Nunca dividam a marca registrada 'Coca-Cola' em duas linhas.
- A expressão 'marca registrada' deve sempre aparecer na junta final do primeiro 'C', mesmo que seja ilegível.
- Quando a geladeira estiver aberta, o lado direito, que mostra o abridor de garrafas, deve estar à mostra, se possível.
- A marca registrada nunca deve ser obstruída, devendo ficar perfeitamente legível.
- No sinal circular deve constar a frase 'Deliciosa e Refrescante'.
- Em quadros a óleo ou fotografias coloridas prefiram uma morena, e não uma loura, se houver apenas uma moça na ilustração.
- Adolescentes ou moças devem ser do tipo sadio, e não de aparência sofisticada.
- Nunca se refiram a Coca-Cola como 'ela'.
- Nunca usem a Coca-Cola em um sentido pessoal, como na frase 'A Coca Cola convida-o para almoçar'.
- Nunca mostre ou insinue que a Coca-Cola deve ser bebida por crianças muito jovens".

Coca-Cola na guerra

A entrada dos Estados Unidos na Segunda Guerra Mundial teve a companhia de um aliado inusitado e inesperado, a Coca-Cola. Cinqüentenária e integrada na cultura da nação, a The Coca-Cola Company determinou que o refrigerante estivesse presente e fosse vendido a 5 centavos em todos os lugares onde houvesse um soldado americano, não importando quanto custasse o devido cumprimento da ordem. A iniciativa teve o endosso de milhares de cartas com protestos de soldados e oficiais pela falta de Coca-Cola devido ao racionamento do açúcar. Na correspondência, os oficiais mencionavam o papel que a Coca-Cola poderia desempenhar para reforçar o moral das tropas americanas.

"Muito pouca gente pára e pensa no grande papel que a Coca-Cola desempenha na formação e manutenção do moral entre o pessoal militar. Para ser franco, não saberíamos como descobrir uma bebida tão satisfatória e refrescante que substituísse a Coca-Cola.
Por isso mesmo, temos fundadas esperanças de que a sua companhia possa continuar a nos abastecer durante esta emergência. Em nossa opinião, a Coca-Cola poderia ser classificada como um dos produtos essenciais para reforçar o moral dos rapazes nas Forças Armadas" (Pendergrast, 1993: 187).

No início de 1942, a produção de Coca-Cola destinada aos militares ou aos fornecedores das Forças Armadas foi liberada do racionamento de açúcar.

Para contornar as dificuldades provenientes da prioridade militar para o embarque de material bélico, o concentrado de Coca-Cola era enviado para as 64 engarrafadoras estabelecidas em todos os continentes, com exceção da Antártica. Os representantes da Coca-Cola no exterior receberam o *status* de "observadores técnicos", a mesma designação dada aos civis que faziam a manutenção de equipamentos militares, e desfrutavam de igual consideração. Nos Estados Unidos, a publicidade soube explorar habilmente a presença da Coca-Cola no exterior. Anúncios ilustrados com cenas de marinheiros e fuzileiros saboreando a bebida proclamavam: "Onde quer que possa estar um navio de guerra americano, o estilo de vida americano continua... Assim, naturalmente, lá também está a Coca-Cola". A bebida era exaltada como um verdadeiro símbolo do *american way of life*: "Isso mesmo, em volta do globo, Coca-Cola significa a pausa que refresca — e tornou-se o símbolo de nosso estilo de vida".

O programa dos observadores técnicos da Coca-Cola terminou três anos após o final da Segunda Guerra Mundial, mas permaneceu o conhecimento e uma grande aceitação do refrigerante. O contato dos povos estrangeiros com a Coca-Cola, por meio dos soldados norte-americanos, permitiu que a companhia logo começasse a licenciar engarrafadoras em novos países e, em 1948, realizasse em Atlantic City a primeira convenção internacional. E, nos Estados Unidos, o mercado interno ampliou-se com a volta dos veteranos, que mostravam uma expressiva preferência pela bebida que não os deixou sozinhos nos campos de batalha.

> "Em uma pesquisa de opinião realizada em 1948 entre veteranos pela American Legion Magazine, 63,7% especificaram a Coca-Cola como refrigerante predileto, enquanto a Pepsi recebia uns melancólicos 7,78% dos votos. No mesmo ano, os lucros brutos da Coke sobre as vendas atingiram uns alucinantes US$ 126 milhões, contra os US$ 25 milhões da Pepsi. (...) Conforme declara a história inédita da companhia, o programa do tempo de guerra fez amigos e clientes para o consumo interno de 11 milhões de pracinhas e realizou um trabalho de divulgação e expansão no exterior que, de outra maneira, teria consumido 25 anos e milhões de dólares. A guerra terminara e, ao que parecia, pelo menos no momento, fora vencida pela Coca-Cola" (Pendergrast, 1993: 201).

Em 1950, a Coca-Cola tinha a metade do mercado de refrigerantes nos Estados Unidos e, com a inflação do pós-guerra, abandonou o velho preço de 5 centavos de dólar. O advento da televisão mudou os hábitos de lazer da família americana, que abandonou os velhos balcões de gasosa das farmácias para se reunir em torno dos aparelhos de TV. Consciente da importância do novo veículo, a Coca-Cola patrocinou o programa especial de Ação de Graças, em 1950, e a seguir direcionou crescentes verbas para a mídia. A companhia mantinha a tradicional publicidade nos pontos-de-venda, a maciça distribuição de brindes e os concursos de prêmios nas tampinhas, estes promovidos pelos engarrafadores locais.

Em 1955, a Coca-Cola lançou o tamanho *king size*, reagindo assim a uma perda de participação no mercado, que estava na faixa dos 40% e apresentava tendências declinantes devido à concorrência com a Pepsi-Cola. A velha agência D'Arcy foi substituída pela McCann-Erickson, sediada em Nova York e com filiais em todo o mundo, para desenvolver uma campanha publicitária de US$ 15 milhões com o *slogan* "Quase todo mundo aprecia o melhor", a primeira que reconhecia implicitamente a existência da Pepsi-Cola. As peças sofreram severas críticas por mostrarem casais sofisticados bebendo Coca-Cola em lugares exóticos, tais como o Taj Mahal e as pirâmides, enquanto o problema era vender o produto nos Estados Unidos. O consumidor negro começou a ser atingido por campanhas específicas na revista *Ebony*, que usavam modelos negras ou atletas famosos como Jesse Owens, Satchel Paige, Floyd Patterson, Sugar Robinson e os Harlem Globetrotters.

A busca do tema unificador

Na década de 60, a Coca-Cola comprou a Minute Maid, grande fabricante de suco de laranja, e a Tenco, produtora de chá e café. Bastante agressiva, ainda promoveu o lançamento dos sabores da Fanta, da Sprite lima/limão e as primeiras embalagens não-retornáveis. A publicidade, por sua vez, mantinha o objetivo de atingir todos os públicos possíveis, mas sofria com a falta de um tema unificador. As pesquisas motivacionais empreendidas pela McCann-Erickson nos três anos só começaram a produzir resultados quando se descobriu que a Coca-Cola atuava principalmente como catalisador social. O *slogan* da campanha de 1963, "Tudo vai melhor com Coca-Cola", finalmente, lançou o enfoque de "uma única imagem, um único som e um único argumento de vendas", que perdurou durante toda a década de 60.

Os investimentos da campanha, da ordem de US$ 53 milhões, foram aplicados em todos os veículos de comunicação, nas tabuletas de ponto-de-venda e em brindes. Enquanto os anúncios da Pepsi-Cola concentravam-se no consumidor (a "Geração Pepsi"), a Coca-Cola focalizava o produto em si, tendência esta que se consolidaria nas campanhas posteriores que, já em 1965, apresentaram resultados promissores para a Coca-Cola, dona de uma participação de 41% do mercado de refrigerantes, seguida pela Pepsi-Cola com 23,5%.

No final dos anos 60, a McCann-Erickson renovou a campanha, com base em pesquisa motivacional que indicou o desprezo dos jovens pelos hipócritas e falsos e a valorização de sentimentos autênticos e espontâneos. Tinha início o primado do *slogan* "Isso é que é", mostrando que a Coca-Cola era um bem autêntico e natural. Entre os primeiros comerciais que foram ao ar, em outubro de 1968, a Coca-Cola exibia adolescentes brancos e negros jogando basquete em Manhattan. A série prosseguiu, com anúncios compostos por cenas da vida americana e que insinuavam ser aquela a América real, e não a que os noticiários apresentavam, com distúrbios de rua, incêndios nos centros urbanos, protestos generalizados contra a guerra do Vietnã e uma forte contracultura que questionava duramente as virtudes americanas de trabalho, respeito pela autoridade, autocontrole e limpeza.

A década de 60 terminou com a Coca-Cola presente em 135 países e atingindo, em 1969, vendas brutas de US$ 1,3 bilhão no mercado interno, responsável por 50% de suas operações, um lucro de US$ 121 milhões e uma verba publicitária anual estimada em US$ 100 milhões.

Turbulências de percurso

As condições desumanas dos trabalhadores nos laranjais da Minute Maid, na Flórida, chamaram a atenção da imprensa e motivaram a formação de uma comissão de investigação no Senado norte-americano. Após as providências para sanar os problemas apontados na sua coligada, a Coca-Cola viu-se às voltas com os ambientalistas, irados com o lixo e a poluição gerados pelas embalagens descartáveis, presentes em 40% de todos os refrigerantes no começo da década de 70. Por sua vez, a Federal Trade Comission acusou o sistema de franquia exclusiva de transgredir a Lei Anti-Truste Shermann, uma vez que o monopólio de um engarrafador no seu território impedia a concorrência leal.

Os esforços publicitários da Coca-Cola recobraram o fôlego quando as aspirações da sociedade americana voltaram-se para a busca de serenidade e segurança, depois de o país quase esfacelar-se com os movimentos da juventude contra a guerra. Dotada de um senso incomum de oportunidade, a canção "Isso é que é" foi transformada, em 1971, em uma balada sertaneja, que falava de sentimentos amistosos e, no final, um locutor em *off* anunciava que "uma garrafa de Coke aproxima mais as pessoas do que qualquer outro refrigerante do mundo".

Uma segunda variação do tema foi lançada em julho de 1971, apelando para os sentimentos de amizade e fraternidade universais. As filmagens reuniram duzentos jovens adultos, procedentes de todas as nações, em uma colina na Itália, vestidos com seus trajes típicos, que seguravam em suas mãos garrafas de Coca-Cola como um símbolo para promover a paz e cantavam liricamente o desejo de um lar para todo o mundo, onde se plantassem macieiras e se criassem rolinhas e abelhas. Devido ao sucesso do comercial, um dos mais populares em todo o mundo, a canção foi reescrita sem nenhuma alusão à Coca-Cola e gravada por um conjunto inglês de música *pop*, os New Seekers, alcançando rapidamente o primeiro lugar nas paradas de sucesso.

O avanço da Pepsi

Embora, no plano internacional, os negócios da The Coca-Cola Company caminhassem favoravelmente, com o ingresso do refrigerante em países como China, União Soviética, Portugal, Egito, Iêmen e Sudão, no mercado interno, a Pepsi-Cola obteve consideráveis avanços a partir da descoberta de que derrotava a Coca-Cola em testes de sabor. Em 1975, a Stanford Agency, uma empresa de publicidade de Dallas, contratada para melhorar a participação de apenas 4% da Pepsi no mercado local, lançou os comerciais que mostravam que os consumidores autênticos da Coca-Cola davam preferência à Pepsi em testes com olhos vendados. Estes comerciais foram sendo adotados em outros mercados americanos e, em 1977, o investimento publicitário da Pepsi-Cola ultrapassou, pela primeira vez, o da Coca-Cola. Nos supermercados, estabelecimentos onde os consumidores praticam a livre escolha, a Pepsi conseguia também volumes de venda superiores aos da Coca-Cola, que mantinha sua liderança no mercado das máquinas automáticas e balcões de refrigerantes.

Em 1978, a parcela da Coca-Cola no mercado norte-americano caiu de 26,6% para 26,3%, enquanto a participação da Pepsi-Cola subiu de 17,2% para 17,6%, com cada ponto percentual significando milhões de dólares. A companhia precisava novamente de uma campanha publicitária espetacular, mas o tema "Coca-Cola dá mais vida" proporcionou no final da década de 70 um único comercial terno e carregado de emoção.

> "... Enquanto o machucado negro 'Mean' Joe Greene, do Pittsburgh Steelers, descia manquejando o túnel do estádio em direção aos vestiários, um garoto tímido, cara de lua cheia, segurando uma garrafa de Coke de 16 onças, chamou em voz alta: 'Sr. Greene, Sr. Greene'. O abatido jogador de futebol virou-se parcialmente: 'Sim?', rosnou. O garoto gaguejou: 'Eu quero apenas que o senhor saiba que eu penso, penso que o senhor é o melhor, sempre'. Insensível ao elogio, Greene grunhiu: 'Sim, certo', e fez menção de afastar-se. Desesperado, incapaz de pensar em mais alguma coisa, o menino ofereceu-lhe a Coke, mas ele recusou-a. 'De verdade', insistiu o garoto, 'pode ficar com ela'. Resignado, Greene cedeu, erguendo alto a garrafa e bebendo-a toda em um único e glorioso gole. A música aumentava de tom enquanto vozes cantavam 'Coca-Cola dá mais vida'. Quando o menino virou-se para ir embora abatido, o jogador, nesse momento inteiramente refrescado, berrou 'Hei, garoto!' e lançou-lhe sua camisa de malha. A boca se abrindo em um sorriso incrível que fazia tudo perfeito no mundo, ele continuou seu caminho para o vestiário" (Pendergrast, 1993: 295).

Depois de um ano de pesquisas e testes com os consumidores, a nova campanha de publicidade da década de 80, "Coca-Cola é isso aí", era lançada simultaneamente em todas as redes de televisão americanas no dia 4 de fevereiro de 1982. O humorista Bill Cosby estrelou inúmeros comerciais que ridicularizavam de todas as formas o "Desafio Pepsi-Cola", que foi interrompido pela PepsiCo em 1983.

O sigiloso projeto de uma Coca-Cola dietética foi tornado público pela companhia em julho de 1982. Considerado o produto mais cuidadosamente pesquisado e desenvolvido em toda a história da companhia, a Diet Coke foi posicionada como a bebida do estilo de vida da década de 80 e teve o lançamento publicitário confiado à SC&B & Lintas. O sucesso instantâneo levou o refrigerante a conquistar, já no final de 1983, 17% de participação do mercado de gasosas dietéticas e a posição do quarto refrigerante mais vendido nos Estados Unidos.

Embora interrompido, o "Desafio Pepsi" continuava a incomodar a The Coca-Cola Company, que iniciou um projeto super-secreto para a busca de um sabor de Coca-Cola que merecesse a preferência dos consumidores em testes com a cola concorrente. Em 1984, a nova fórmula obteve, em testes de olhos vendados, uma vantagem de dez pontos percentuais, passando a 61-39 quando as bebidas eram identificadas. Para evitar a coexistência das duas Cocas, que dividiria o mercado, possibilitando que a Pepsi assumisse a liderança, a companhia decidiu comercializar o novo sabor como o único, apoiado em uma campanha publicitária que promovesse um grande estardalhaço.

As reuniões sigilosas dos executivos da Coca-Cola com o pessoal da McCann-Erickson, para criar a campanha de lançamento da nova Coca-Cola, iniciaram-se em janeiro de 1985. Enfrentando restrições para anúncios do tipo *reason why*, que descrevessem o produto ou explicassem a substituição da velha fórmula, os publicitários simplesmente readaptaram a campanha "Coca-Cola é isso aí", enfatizando que a bebida era "uma emoção pra valer" e "um estouro".

A revolta dos consumidores fiéis

No dia 23 de abril de 1985, a New Coke, como foi chamada, era divulgada em uma entrevista coletiva, que submeteu os executivos da The Coca-Cola Company a uma provação com as dúvidas e questionamentos levantados pelos jornalistas. No mesmo dia, os principais jornais norte-americanos publicavam um anúncio de página inteira da PepsiCo, que atribuía a mudança de sabor da Coca-Cola a uma estratégia para tornar o produto mais parecido com a Pepsi-Cola e, em comemoração, decretava um feriado na companhia para todos os empregados festejarem o reconhecimento de que a Pepsi tem melhor sabor do que a Coca-Cola.

Em poucos dias, 96% dos americanos estavam informados da mudança de sabor da Coca-Cola graças à grande cobertura que a New Coke mereceu na imprensa. E os consumidores começaram a protestar. Logo na primeira semana do lançamento, as linhas telefônicas do Atendimento ao Consumidor da Coca recebiam mais de mil chamadas diárias, a maioria expressando o seu desagrado com a New Coke. Em um mês, os telefonemas chegaram a 5 mil por dia, acompanhados de mais de 40 mil cartas de protesto, enviadas por pessoas de todas as idades, de todas as classes sociais e de todos os lugares dos Estados Unidos.

"Tenho 61 anos e sou bebedor fiel da Coke desde o dia memorável em que meu pai me levou em uma pequena excursão a Mill Mountain, em Roanoke, Va., e me comprou minha primeira Coke juntamente com um saco de amendoim salgadinho... Eu tinha cinco anos de idade... A 'Velha' Coke é sensual, tem força. Deus! Num dia quente, a gente só tem vontade de saltar numa banheira e beber uma garrafa de 16 onças, tudo na mesma hora."

"Minha irmãzinha está chorando porque a Coke mudou e diz que não pára de chorar todo dia até que vocês mudem de novo o gosto para o outro... Estou ficando cansado de ouvir ela chorar e se vocês não mudarem eu processo vocês mesmo que só tenha 11 anos."

"Queremos a velha e maravilhosa Coke de volta, POR FAVOR. Fiquem com a 'Nova' Coke, se quiserem, e dê a ela o nome de Cokesi, se quiserem..."

"Na minha vida só há duas coisas: Deus e Coca-Cola. Agora, vocês me tomaram uma delas" (Pendergrast, 1993: 328).

Fundador da Bebedores da Velha Coca da América, uma associação entre muitas que se alastraram por diversos países do mundo, Gay Mullins tornou-se o principal porta-voz do descontentamento geral, derramando garrafas da New Coke nas sarjetas de Seattle e entrando com seguidas ações para obrigar a companhia a voltar à velha fórmula. Enquanto isso, as vendas caíam abruptamente e a imagem da Coca-Cola sofria contínuos arranhões com a cobertura negativa da mídia. Três meses depois do lançamento oficial da New Coke, a The Coca-Cola Company viu-se pressionada a voltar com a velha Coke, que recebeu o nome de Classic Coke.

Erro crasso de estratégia de marketing ou, como afirmam outros especuladores, uma inteligente operação planejada para devolver à Coca-Cola a liderança no mercado, o projeto da New Coke falhou ao não informar, em seus testes de mercado, que o novo sabor viria a substituir a Coca-Cola tradicional. Assim, na verdade, a companhia traía os fiéis consumidores de Coca-Cola, um refrigerante anteriormente descrito pelo jornalista William Allen White como "a essência sublimada de tudo o que a América representa" (*apud* Pendergrast, 1993: 320). Não se podia esperar reação diferente de consumidores que devotavam — e ainda devotam — uma fidelidade quase religiosa a uma marca que, na sua essência, simboliza a América e está profundamente ligada a quase todos os aspectos de sua vida.

A FIDELIDADE DO CONSUMIDOR À MARCA

A fidelidade à marca pode ser criada por diversos fatores, mas a experiência de uso é a principal delas e representa um pressuposto obrigatório para a sua formação. Outras dimensões da marca que influenciam a fidelidade do consumidor são: o conhecimento (*awareness*), as associações promovidas e a qualidade percebida na marca. Em certos casos, sustenta Aaker (1991: 42), a lealdade pode nascer a partir de um desses fatores ou de suas combinações. Em outros, a lealdade pode surgir independentemente deles, a partir de uma relação que não fica muito clara, a exemplo da cadeia de *fast food* McDonald's que, embora desfrute de baixos níveis de qualidade percebida, dispõe de um número considerável de consumidores leais.

Níveis de fidelidade do consumidor

A lealdade demonstrada por consumidores de Coca-Cola de todas as idades reflete o vínculo que os usuários mantêm com a marca, no seu nível mais alto. A pirâmide de lealdade (*Figura 32*) construída por Aaker (1991: 40) permite identificar os cinco patamares da fidelidade do consumidor a uma marca.

Figura 32
NÍVEIS DE LEALDADE DO COMPRADOR ÀS MARCAS

Fonte: AAKER, David A. *Managing brand equity*; capitalizing on the value of a brand name. Nova York, The Free Press, 1991, p. 40.

O primeiro nível, colocado na base da pirâmide, corresponde ao comprador sem lealdade à marca. Qualquer produto é percebido como adequado e a marca desempenha um papel pouco significativo na decisão de compra, já que a preferência acontece exclusivamente por fatores como preço ou a própria conveniência do comprador.

O segundo nível compreende os compradores satisfeitos com o produto por não existir nenhum aspecto negativo na marca que possa contribuir para uma troca, especialmente se a mudança exigir algum esforço do comprador. Os usuários habituais, como são denominados os membros deste grupo, podem ser vulneráveis aos concorrentes que promovam um benefício que justifique uma troca. Entretanto, há uma dificuldade real para atingir o comprador habitual, pois ele não se mostra naturalmente predisposto a procurar ou se interessar por outras alternativas.

O terceiro nível compõe-se dos compradores que, além de estarem satisfeitos com a marca, percebem custos em uma eventual troca, seja de tempo. de dinheiro ou de riscos na performance do produto concorrente. Tais custos de mudança podem ser superados caso o concorrente proporcione um benefício que compense amplamente a troca.

O quarto nível agrupa os compradores que apreciam a marca, uma preferência que pode estar baseada em associações suscitadas pela marca, tais como um símbolo, as experiências de uso anterior ou uma alta qualidade percebida na marca. Entretanto, Aaker (1991:40) pondera que a ligação é um sentimento que não pode ser diretamente relacionado a algo específico, já que as pessoas, muitas vezes, não são capazes de explicar os motivos pelos quais apreciam uma determinada marca. Na ausência dessas associações, o próprio relacionamento de longo prazo do comprador com a marca pode gerar um sentimento afetivo, o que permite classificar o seu usuário como um amigo da marca, também em razão do vínculo emocional que se estabelece.

O quinto nível, no topo da pirâmide, inclui os compradores verdadeiramente comprometidos com a marca. Orgulhosos de sua condição, eles consideram a marca importante, pelos seus elementos funcionais ou pela maneira com que ela expressa ou traduz o que eles são. O comprador deposita tanta confiança na marca que a recomenda para outras pessoas do seu círculo de relações.

Fidelização do consumidor

Em muitas empresas, os programas de marketing agressivos e caros vêm sendo gradativamente substituídos ou complementados por estratégias para manter a fidelidade dos consumidores já conquistados. Nos dias de hoje, a elevação dos custos de mídia e a crescente diversificação dos veículos passam a exigir das empresas preocupadas em manter o nível de publicidade proporcional à participação no mercado um volume de gastos que não podem suportar. Por este e outros motivos, os especialistas de marketing asseguram que conquistar um cliente novo custa cinco vezes mais caro para a empresa do que transformar um comprador eventual em consumidor fiel à marca.

Sem dúvida, quanto mais tempo a empresa conseguir manter o consumidor ao seu lado, mais fácil e barato será lidar com ele. O importante é concentrar os planos de retenção nos consumidores e usuários que apresentem um volume e freqüência de compra em níveis considerados satisfatórios pela companhia. A Varig, por exemplo, lançou o Programa Mundial de Prêmios e Vantagens para Milhas Voadas que, de acordo com o número de milhas que forem acumuladas nos vôos da empresa, premia os seus passageiros com *upgrading* ou passagens gratuitas. Dirigido aos usuários freqüentes das rotas aéreas nacionais e internacionais, o programa tem o propósito de estimular os passageiros a viajar somente nos vôos da Varig, conseguindo desta maneira a sua lealdade.

Mesmo sem abandonar os esforços tendentes à conquista de novos consumidores, novas ferramentas e táticas de marketing têm sido desenvolvidas para favorecer a retenção. Assim, com o propósito de manter os seus clientes, as empresas investem na construção de um relacionamento a longo prazo que promova a firme lealdade do consumidor. A primeira compra passa então a ser vista como o início de um relacionamento progressivo e continuado.

Hoje, é cada vez maior o número de empresas que estão descobrindo o potencial dos bancos de dados (os chamados *database marketing*) para ajudá-las a se relacionarem diretamente com seus clientes, em termos individuais. Por isso, os consumidores cadastrados no banco de dados da Casa Centro são informados, em primeira mão, sobre o lançamento de produtos de seu interesse, o que diminui as despesas da rede varejista com mídia. Já a Brastemp criou um clube de compradores do seu forno microondas, que recebem regularmente receitas para a preparação de alimentos, de acordo com os gostos e preferências previamente levantados e registrados no seu *database*. Por sua vez, o Barrashopping cadastrou 17 mil freqüentadores assíduos do shopping no Rio de Janeiro com os seus dados socioeconômicos e perfis de compra, oferecendo em troca um serviço de agenda, que lembra a data de aniversário de amigos e parentes do cadastrado para que a compra dos presentes possa ser feita com a devida antecedência.

A comunicação regular com os clientes é de grande importância para mantê-los atualizados com novas informações sobre produtos e serviços. Mas, para se realizar uma verdadeira interação entre a marca e o cliente, é obrigatório que, além da comunicação regular, aconteça também o envolvimento do consumidor, que deve ter a oportunidade de criticar os produtos e serviços, assistir a uma apresentação patrocinada pela marca ou comparecer a uma inauguração, com a intenção, se possível, de estabelecer um relacionamento pessoal. Sem dúvida, a manutenção da lealdade dos clientes com base em relações desenvolvidas individualmente influencia positivamente a imagem de marca, já que um dos elementos preponderantes na sua formação são as relações estabelecidas entre consumidores e marcas, ao longo do tempo.

CONSIDERAÇÕES FINAIS

Neste trabalho, os nossos objetivos foram determinar o papel e as funções atualmente desempenhados pela marca no contexto das empresas comerciais e levantar a contribuição da publicidade no processo de construção da imagem de marca.

O exame da evolução das marcas apontou o emprego inicial dos sinetes, selos, siglas e símbolos como um sinal distintivo e de identificação para assinalar animais, armas e utensílios. As populações amplamente analfabetas da época encontravam também nas pinturas a melhor maneira de identificar os estabelecimentos e promover as mercadorias que vendiam. Assim, os açougues romanos exibiam em suas fachadas a figura da pata traseira de um boi, enquanto os comerciantes de laticínios em geral eram reconhecidos graças à figura de uma vaca exposta nos locais de comercialização.

Na Idade Média surgiram as marcas nominais, empregadas principalmente pelas corporações de ofício e de mercadores com diversos propósitos. As chamadas *marcas de comércio* permitiram o controle da quantidade e da qualidade da produção, ajustando a fabricação e a comercialização de determinados bens à demanda do mercado. Adicionalmente, as *marcas individuais* possibilitaram que as corporações preservassem seus monopólios, pelo reconhecimento de falsificações ou ainda de produtos em desacordo com as especificações técnicas da agremiação. Para o comprador, as mercadorias assinaladas com marcas representavam uma proteção, pois com ela podia identificar o produtor e resguardar-se da má qualidade que caracterizava grande parte das mercadorias da época.

No momento em que as operações comerciais eram efetuadas longe do centro produtor, as marcas começaram a ganhar um sentido comercial, como um elemento que estabelecia um vínculo entre o fabricante instalado na cidade de origem do produto e o comprador, que estava muitas vezes em lugar distante. Assim, era por meio da marca que o comprador tinha assegurada a garantia de qualidade de produto e podia reclamar, caso a mercadoria não apresentasse as qualidades devidas. Modificando-se gradativamente através dos tempos, a *marca de comércio* veio a transformar-se em *marca de indús-*

tria e de comércio, no século XIX, quando assumiu função tipicamente concorrencial, já que os produtos eram aceitos e selecionados em função da marca que ostentavam.

Modernamente, as marcas passaram a desempenhar papéis mais variados e complexos. Além da função concorrencial, de assinalar produtos que concorrem entre si, encontramos nas marcas as funções identificadora, individualizadora, de descobrimento ou revelação, de diferenciação, publicitária e de diferenciação interna. Por sua vez, a definição de marca, formulada pela American Marketing Association — como um nome, termo, sinal, símbolo ou desenho ou sua combinação, que pretende identificar os bens e serviços de um vendedor ou grupo de vendedores e diferenciá-los daqueles dos concorrentes —, tornou-se hoje bastante restrita, pois a marca é mais do que um simples nome. Apresentando como seus principais componentes o produto em si, a embalagem, o nome de marca, a publicidade e a apresentação, a marca deve ser entendida como a síntese dos elementos físicos, racionais, emocionais e estéticos que nela estão presentes e foram desenvolvidos através dos tempos.

A gestão de marcas é o mais recente campo do marketing, que tem por responsabilidade desenvolver e manter determinado conjunto de valores e atributos para a construção de uma imagem de marca que se mostre coerente, apropriada e atrativa para o consumidor. Como um dos componentes da marca, a comunicação pode com muita propriedade ajudar na tarefa de criar e manter um conjunto atualizado e permanente de atributos, valores, sentimentos e percepções conectados com a marca para revesti-la de um sentido de valor que ultrapasse a mera percepção dos benefícios funcionais do produto.

Como vimos, a valoração da marca realiza-se pela criação e manutenção de um conjunto organizado de características funcionais e aspectos simbólicos em uma relação que sustente uma vantagem competitiva da empresa perante seus concorrentes no mercado. Do ponto de vista do consumidor, estas associações de idéias direcionam fortemente a *imagem de marca*, já definida como o conjunto de atributos e associações que os consumidores reconhecem e conectam com o nome de marca. Desta forma, as percepções e reações do consumidor à marca podem ser dispostas em quatro categorias básicas: o conhecimento (*awareness*) do nome de marca, a qualidade percebida, as associações e a fidelidade do consumidor. Todas elas contribuem primordialmente para a construção da imagem de marca e podem ser manipuladas pela publicidade — que se destaca entre as demais ferramentas de comunicação, tanto pelo elevado grau de controle que permite sobre as mensagem como pelo poder de penetração e convencimento junto aos *prospects* e consumidores em geral.

A publicidade constrói de maneira gradativa o conhecimento da marca, em seus três níveis: o reconhecimento, a lembrança espontânea e o *top of mind*, que corresponde ao nível máximo de conhecimento. Para um novo produto ou serviço, o propósito básico da publicidade é tornar a marca familiar, porque dificilmente uma decisão de compra ocorre sem o prévio conhecimento da marca pelos seus *prospects*. No caso de produtos existentes, como a lembrança espontânea da marca decai com o tempo, a publicidade deve garantir na mídia uma exposição permanente e controlada da marca. As marcas construídas com um elevado nível de conhecimento geram uma vantagem competitiva, pois tornam mais difícil que marcas concorrentes conquistem uma posição na memória do consumidor, mesmo se dispuserem de um produto superior, e ainda representam uma garantia de longevidade para o produto.

A publicidade permite a construção global do conceito de qualidade percebida por meio da divulgação eficiente e compreensível dos argumentos e alegações de qualidade da marca. A comunicação publicitária possibilita explicar minuciosamente a um grande número de consumidores por que o produto ou serviço possui uma qualidade superior, revestindo ainda a sua mensagem de um forte conteúdo emocional, o que a torna altamente persuasiva.

A publicidade estabelece e promove associações diversas com a marca, de maneira constante e ininterrupta ao longo dos anos e, assim, contribui para adicionar valor ao produto e torná-lo diferente daqueles dos seus concorrentes. Uma marca bem posicionada irá ocupar uma posição estratégica competitiva ao ser sustentada por associações fortes, selecionadas de acordo com o contexto do produto, da marca e da concorrência. Nas categorias em que a evolução tecnológica possibilitou que os concorrentes anulassem as vantagens funcionais do produto, a publicidade encontra, nos aspectos simbólicos do produto e da marca, a base mais efetiva para a construção de uma imagem de marca forte e consistente.

A publicidade promove a fidelidade do consumidor ao explorar corretamente em suas mensagens os valores e sentimentos que permitam estabelecer um relacionamento de longo prazo com os usuários de um produto ou serviço. Assim, pode ser criado um forte vínculo emocional, que será determinante para o estabelecimento da lealdade e do comprometimento do consumidor. A comunicação publicitária ainda pode evidenciar os possíveis custos existentes para o consumidor no caso da troca por uma marca concorrente, seja em termos de tempo, de dinheiro ou de riscos na performance do produto.

BIBLIOGRAFIA

Livros, periódicos e jornais

AAKER, David A. *Managing brand equity*; capitalizing on the value of a brand name. Nova York, The Free Press, 1991.

ALZUGARAY, Cátia (ed.). "Entrada franca". In *Isto É-Senhor*, São Paulo, nº 1.085, 1990, pp.46-53

ALZUGARAY, Domingo (ed.). *100 anos do automóvel*. São Paulo, Ed. Três, 1986.

BARROS, Antonio Machado de (dir.). "Acer exibe sua força em show de tecnologia." In *Informática Exame*, São Paulo, ano 7, nº 11, 1992a, pp.54-57.

———. "O renascimento da informática." In *Informática Exame*, São Paulo, ano 7, nº 10, 1992b, pp.35-37.

BIEL, Alexander L. "Como a imagem de marca direciona a brand equity". In *Mercado Global*, São Paulo, nº 90, 2. trim.1993, pp.72-80.

CARRASCO, Walcyr. "O Peugeot nacional." In *Vip Exame*, São Paulo, ano 7, nº 10, 1992, pp. 40-42.

CARTER, David E. *Corporate identity manuals*. Nova York, Art Direction Book, 1981.

CASEIRO, Lucélia. "Crescimento surpreende empresas do setor." In *Meio & Mensagem*, São Paulo, nº 584, 29 nov. 1993, Informe especial, p.5.

CASTRO, Gleise de e GUIMARÃES, Odilon. "Nem tudo que reluz é lucro". In *Isto É- Senhor*, São Paulo, nº 1.084, 1990, pp.56-57.

CENTENARO, Gisele e SAMPAIO, Rafael. "O poder está com a marca". In *About*, São Paulo, ed. especial, nov. 1990, pp.21-32.

CIVITA, Victor (ed.). "Brasil faz revolução para não andar a pé." In *Quatro Rodas*, São Paulo, ano 6, nº 66, 1966a, pp.128-133.

———. "Estes são os carros do Brasil." In *Quatro Rodas*, São Paulo, ano 1, nº 2, 1966b, pp. 6-11.

COBRA, Marcos. *Marketing básico*; uma perspectiva brasileira. 2. ed. São Paulo, Atlas, 1984.

DIEFENBACH, John. The corporate identity as the brand. In MURPHY, John M. (ed.). *Branding: a key marketing tool*. Nova York, McGraw-Hill, 1987, pp.156-164.

DOMINGUES, Douglas Gabriel. *Marcas e expressões de propaganda*. Rio de Janeiro, Forense, 1984.

ENRICO, Roger e KORNBLUTH, Jesse. *E o outro vacilou*; como a Pepsi venceu a guerra das colas. Trad. David Soares. Rio de Janeiro, Bertrand Brasil, 1987.

ESTEVAM, Adilson e outros. "Reverenciar o rei, vocação da Souza Cruz." In *Marketing*, São Paulo, ano 25, nº 224, 1992, pp.16-27.

GATTÁS, Ramiz. *A indústria automobilística e a segunda revolução industrial no Brasil: origens e perspectivas*. São Paulo, Ed. Prelo, 1981.

GONÇALVES, Vergnaud Calazans. "O Brasil de quatro patas a quatro rodas." In *Quatro Rodas*, São Paulo, ano 6, nº 66, 1966, pp.42-46.

——. *Automóvel no Brasil 1893-1966*. São Paulo, Editora do Automóvel, s.d.

GRACIOSO, Francisco. *A excelência em marketing nos anos 90*. São Paulo, Atlas, 1993.

GRAHAM, Clarke e PEROFF, Mark. The legal side of branding. In MURPHY, John M. (ed.). *Branding: a key marketing tool*. Nova York, McGraw-Hill, 1987, pp.32-50.

GREGORY, James R. *Marketing corporate image*; the company as your number one product. Lincolnwood, Illinois, NTC, 1991.

GUZZO, José Roberto (dir.). "No vácuo dos importados." In *Exame*, São Paulo, ano 22, nº 13, 1990, pp.81-82.

——. "Sem direito a carência." In *Exame*, São Paulo, ano 24, nº 19, 1992, pp.46-49.

KOTLER, Philip. *Marketing*. Ed. compacta. Trad. H. de Barros. São Paulo, Atlas, 1980.

LEVITT, Theodore. *A imaginação de marketing*. Trad. Auriphebo B. Simões. São Paulo, Atlas, 1985.

MACEDO, Paulo. "Hollywood, um case de sucesso." In *Meio & Mensagem*, São Paulo, ano XIV, nº 542, 1º fev. 1993, p.15.

MARTIN, David N. *Romancing the brand*; the power of advertising and how to use it. Nova York, American Marketing Association, 1989.

MURPHY, John M. *Branding: a key marketing tool*. Nova York, McGraw-Hill,1987.

——. *Brand strategy*. Nova York, Prentice Hall, 1990.

OLINS, Wally. *Corporate identity*; making business strategy visible through design. Boston, Massachusetts, Harvard Business School Press, 1990.

PENDERGRAST, Mark. *Por Deus, pela pátria e pela Coca-Cola*; a história não-autorizada do maior dos refrigerantes e da companhia que o produz. Trad. Ruy Jungmann. Rio de Janeiro, Ediouro, 1993.

PINCIROLI JR., Pedro (dir.). "Top of mind: as marcas campeãs". Suplemento especial da *Folha de S. Paulo*, 24 out.1993, pp.A1-A28.

PINTO, Ivan S. e TROIANO, Jaime. "Na esquina da Madison Avenue e Wall Street". In *Mercado Global*, São Paulo, nº 89, 1o trim.1993, pp.42-46.

RABAÇA, Carlos Alberto e BARBOSA, Gustavo. *Dicionário de comunicação*. São Paulo, Codecri, 1978.

RAMALHO, José Antônio. "Produtos de grife a preços de ocasião." In *Informática Exame*, São Paulo, ano 7, nº 7, 1992, pp.76-78.

REBOUL, Olivier. *O slogan*. Trad. Ignácio Assis Silva. São Paulo, Cultrix, s.d.

REZENDE, Marco Antonio Amaral. "Identidade visual: conceito e práticas". In *Marketing*, São Paulo, vol. 12, nº 65, mar.1979, pp.26-41.

ROOM, Adrian. History of branding. In MURPHY, John M.(ed.). *Branding: a key marketing tool*. Nova York, McGraw-Hill, 1987, pp.13-21.

SELAME, Elinor e SELAME, Joe. *The company image*; building your identity and influence in the marketplace. Nova York, Wiley, 1988.

SERAPICOS, Mário. "A Peugeot vem. Mas em etapas." In *Quatro Rodas*, São Paulo, ano 33, nº 392, 1993, pp.68-71.

VAVRA, Terry G. *Marketing de relacionamento: after marketing*; como manter a fidelidade de clientes através do marketing de relacionamento. Trad. Ailton Bomfim Brandão. São Paulo, Atlas, 1993.

Anúncios em revistas

ACER. "Os computadores Acer também vêm naturalmente programados para crescer." In *Informática Exame*, São Paulo, ano 7, nº 8, 1992a, pp.2-3.

———. "Acer tem o único 386SX que fica até 5 vezes mais potente com a simples inserção de um chip 486DX." In *Informática Exame*, São Paulo, ano 7, nº 9, 1992b, p.58.

ALFA ROMEO. "Na Itália você encontra arte nos teatros, museus e garagens." In *Exame*, São Paulo, ano 26, nº 1, 1994, pp.34-35.

AMERICAN EXPRESS. "Paulo Autran. Associado desde 1991." In *Veja*, São Paulo, ano 26, nº 20, 1993, p.92.

BRADESCO. "Tem gente que está no Bradesco porque gosta de atenção. Outros porque gostam de tecnologia." In *Exame*, São Paulo, ano 26, nº 52, 1993, pp.16-17.

CHEVROLET. "Novos serviços. Os clientes Chevrolet rodaram o ano muito bem acompanhados." In *Veja*, São Paulo, ano 27, nº 1, 1994, p.20.

COMPAQ. "A Compaq chega ao Brasil com um conceito de qualidade e parceria sem reservas." In *Veja*, São Paulo, ano 25, nº 50, 1992, pp.46-47.

———. "A diferença entre poder e não poder." In *Exame*, São Paulo, ano 25, nº 1, 1993a, pp.12-13.

———. "Garantia total de 3 anos. Uma vantagem tão exclusiva como a nossa qualidade." In *Veja*, São Paulo, ano 26, nº 18, 1993b, p.72.

———. "Uma grande empresa ganha espaço quando descobre que crescer é diminuir." In *Informática Exame*, São Paulo, ano 8, nº. 89, 1993c, pp.90-91.

DIGITAL EQUIPMENT DO BRASIL. "A Digital Equipment Corporation anuncia três novas workstations que colocam os modelos da IBM^{TM}, da HP^{TM} e da Sun^{TM} em seus devidos lugares". In *Informática Exame*, São Paulo, ano 8, nº 89, 1993, pp.46-47.

GOLDEN CROSS. "Com o nosso cartão você fica hospedado nos melhores lugares da cidade, anda nos carros mais velozes e tem atendimento de primeira". In *Veja*, São Paulo, ano 26, nº 40, 1993, pp.62-63.

HOLLYWOOD. "The Hollywood way." In *Veja*, São Paulo, ano 26, nº 42, 1993, pp.42-43.

IBM Business. "Os melhores profissionais da IBM querem trabalhar na sua empresa." In *Exame*, São Paulo, ano 26, nº 1, 1994, pp.14-15.

IBM do Brasil. "Se você sabe usar o videocassete, você já está pronto para o micro IBM PS/1." In *Veja*, São Paulo, ano 26, nº 25, 1993, pp.58-59.

ITAUTEC. "Você ouve música, vê TV, lê, estuda e se diverte. Então, você já está pronto para o IS Multimídia." In *Informática Exame*, São Paulo, ano 8, nº 90, 1993, p. 67.

ITEC. "10% das empresas precisam de computadores para cálculos intensamente numéricos e aplicações altamente gráficas. As outras precisam do AS/400." In *Veja*, São Paulo, ano 26, nº 34, 1993, pp.18-19

MAZDA. "Mazda. Feitos com paixão." In *Quatro Rodas*, São Paulo, ano 33, nº 387, 1992, p.141.

———. "Primeiro os japoneses mandaram os carros de combate. Agora estão chegando os aviões. Mazda: mais do que você espera." In *Exame*, São Paulo, ano 25, nº 7, 1993a, pp.2-3.

———. "Conquiste seu lugar ao sol." In *Vip Exame*, São Paulo, ano 8, nº 5, 1993b, p.15.

———. "Você merece mais do que um carro novo." In *Veja*, São Paulo, ano 26, nº 24, 1993c, pp.92-93.

———. "A perfeição. E a prova de que a pressa não é inimiga da perfeição." In *Vip Exame*, São Paulo, ano 8, nº 10, 1993d, pp.32-33.

———. "Seu próximo nacional pode ser um japonês. Protegé. O compacto japonês com preço nacional." In *Veja*, São Paulo, ano 26, nº 38, 1993e, pp.120.

MERCEDES-BENZ. "Quando chega o verão se exige muito da frota. E sempre que precisamos dos Mercedes eles estão disponíveis." In *Exame*, São Paulo, ano 24, nº 24, 1992, pp.40-41.

PEUGEOT do Brasil. "Uma coisa é falar em evolução. Outra é provar." In *Exame*, São Paulo, ano 24, nº 21, 1992a, pp.2-3.

———. "Vive la liberté, vive la fraternité, mas chega de egalité." In *Exame*, São Paulo, ano 24, nº 23, 1992b, pp.104-105.

———. "O carro que Santos Dumont usava em Paris era um Peugeot. Entendeu agora porque ele inventou o avião?" In *Veja*, São Paulo, ano 24, nº 47, 1993a, pp.30-31.

PHILCO. "A Constituição garante a todos o direito de ir e vir. E a Philco garante a todos o direito de ficar sentado." In *Veja*, São Paulo, ano 26, nº 16, 1993, pp.78-79.

RENAULT. "Contribuição da Renault 21 Nevada para melhorar o trânsito na volta à escola." In *Veja*, São Paulo, ano 26, nº 32, 1993, pp.2-3.

SHELL Brasil S.A. "Você pode confiar. Agora você encontra ISO 9001 nos Lubrificantes Shell." In *Exame*, São Paulo, ano 24, nº 24, 1992, p.89.

SHERATON. "Se você levou uma toalha do Sheraton de lembrança quando foi a Nova York, é bom saber que você encontra a mesma toalha em Recife, no Rio de Janeiro e em São Paulo." In *Veja*, São Paulo, ano 26, nº 26, 1993, p.66.

SHIZEN. "Cristal Line. Shampoos que não deixam resíduos. Condicionadores que não têm efeito acumulativo." In *Nova*, São Paulo, ano 22, nº 1, 1994, p.35.

SOUZA CRUZ. "Ao sucesso com Hollywood". In *Auto Esporte*, Rio de Janeiro, nº 121, 1974, p.156.

———. "The Hollywood way". In *Veja*, São Paulo, ano 26, nº 42, 1993a, pp 42-43

———. "Carlton. Um raro prazer". In *Veja*, São Paulo, ano 26, nº 15, 1993b, p.112.

———. "Novo Minister em nova embalagem". In *Veja*, São Paulo, ano 26, nº 49, 1993c, p.65.

SUBARU do Brasil. "Subaru , o único importado japonês com assistência técnica em todo o Brasil. Mas avisa desde já que não conserta rádios, televisões, calculadoras, Hondas, Suzukis nem Mitsubishis." In *Vip Exame*, São Paulo, ano 7, nº 9, 1992a, pp.2-3.

———. "A Subaru faz automóveis e aviões. Na foto você está vendo um deles." In *Veja*, São Paulo, ano 25, nº 39, 1992b, pp.56-57.

———. "O Subaru não é o carro mais vendido no Japão. Assim como o BMW também não é o mais vendido na Alemanha." In *Veja*, São Paulo, ano 25, nº 41A, 1992c, pp.26-27.

———. "Automóvel Clube do Japão." In *Exame*, São Paulo, ano 24, nº 21, 1992d, pp.56-57.

———. "Modéstia à parte." In *Vip Exame*, São Paulo, ano 8, nº 1, 1993, p.31.

SUL AMÉRICA SEGUROS. "A equipe da Sul América se preocupa com tudo para você não se preocupar com nada." In *Veja*, São Paulo, ano 25, nº 43, 1992, pp.62-63.

SUZUKI do Brasil. "Olha aqui o seu Feliz Natal." In *Vip Exame*, São Paulo, ano 8, nº 1, 1993a, pp.22-23.

——. "Samurai. Um carro para colecionadores. De aventuras." In *Veja*, São Paulo, ano 26, nº 34, 1993b, p.37.

TEACHER'S. "Na Escócia, é o presente preferido de quem não agüenta mais ganhar meia, gravata e saia no Dia dos Pais." In *Veja*, São Paulo, ano 26, nº 31, 1993, p.9.

TOYOTA do Brasil S.A. "Sabe onde se encontra o consumidor de automóveis mais satisfeito do mundo? Dentro de um Toyota." In *Quatro Rodas*, São Paulo, ano 33, nº 387, 1992a, pp.19-21.

——. "Aqui, o Corolla é perfomance e força." In *Veja*, São Paulo, ano 25, nº 50, 1992b, p.9.

——. "Camry. Espaço reservado para o conforto e o silêncio." In *Veja*, São Paulo, ano 25, nº 50, 1992c, p.11.

——. "Tradução de Toyota: tecnologia, qualidade e segurança." In *Exame*, São Paulo, ano 25, nº 9, 1993a, pp.88-89.

——. "Toyota: a única marca de importados que vem com 37 anos de garantia." In *Exame*, São Paulo, ano 25, nº 21, 1993b, pp.56-57.

UNIBANCO Corporate. "O Unibanco investiu milhares de dólares neste executivo. E ele vai trabalhar para outra empresa." In *Exame*, São Paulo, ano 25, nº 12, 1993, pp.2-3.

VARIG. "Compromisso Varig com a Qualidade." In *Veja*, São Paulo, ano 25, nº 37, 1992, p.50.

NOVAS BUSCAS EM COMUNICAÇÃO
VOLUMES PUBLICADOS

1. *Comunicação: teoria e política* — José Marques de Melo.
2. *Releasemania — uma contribuição para o estudo do press-release no Brasil* — Gerson Moreira Lima.
3. *A informação no rádio — os grupos de poder e a determinação dos conteúdos* — Gisela Swetlana Ortriwano.
4. *Política e imaginário nos meios de comunicação para massas no Brasil* — Ciro Marcondes Filho (organizador).
5. *Marketing político e governamental — um roteiro para campanhas políticas e estratégias de comunicação* — Francisco Gaudêncio Torquato do Rego.
6. *Muito além do Jardim Botânico — um estudo sobre a audiência do Jornal Nacional da Globo entre trabalhadores* — Carlos Eduardo Lins da Silva.
7. *Diagramação — o planejamento visual gráfico na comunicação impressa* — Rafael Souza Silva.
8. *Mídia: o segundo Deus* — Tony Schwartz.
9. *Relações públicas no modo de produção capitalista* — Cicilia Krohling Peruzzo.
10. *Comunicação de massa sem massa* — Sérgio Caparelli.
11. *Comunicação empresarial/comunicação institucional — Conceitos, estratégias, planejamento e técnicas* — Francisco Gaudêncio Torquato do Rego.
12. *O processo de relações públicas* — Hebe Wey.
13. *Subsídios para uma Teoria da Comunicação de Massa* — Luiz Beltrão e Newton de Oliveira Quirino.
14. *Técnica de reportagem — notas sobre a narrativa jornalística* — Muniz Sodré e Maria Helena Ferrari.
15. *O papel do jornal — uma releitura* — Alberto Dines.
16. *Novas tecnologias de comunicação — impactos políticos, culturais e socioeconômicos* — Anamaria Fadul (organizadora).

17. *Planejamento de relações públicas na comunicação integrada* — Margarida Maria Krohling Kunsch.

18. *Propaganda para quem paga a conta — do outro lado do muro, o anunciante* — Plinio Cabral.

19. *Do jornalismo político à indústria cultural* — Gisela Taschner Goldenstein.

20. *Projeto gráfico — teoria e prática da diagramação* — Antonio Celso Collaro.

21. *A retórica das multinacionais — a legitimação das organizações pela palavra* — Tereza Lúcia Halliday.

22. *Jornalismo empresarial* — Francisco Gaudêncio Torquato do Rego.

23. *O jornalismo na nova república* — Cremilda Medina (organizadora).

24. *Notícia: um produto à venda — jornalismo na sociedade urbana e industrial* — Cremilda Medina.

25. *Estratégias eleitorais — marketing político* — Carlos Augusto Manhanelli.

26. *Imprensa e liberdade — os princípios constitucionais e a nova legislação* — Freitas Nobre.

27. *Atos retóricos — mensagens estratégicas de políticos e igrejas* — Tereza Lúcia Halliday (organizadora).

28. *As telenovelas da Globo — produção e exportação* — José Marques de Melo.

29. *Atrás das câmeras — relações entre cultura, Estado e televisão* — Laurindo Lalo Leal Filho.

30. *Uma nova ordem audiovisual — novas tecnologias de comunicação* — Cândido José Mendes de Almeida.

31. *Estrutura da informação radiofônica* — Emilio Prado.

32. *Jornal-laboratório — do exercício escolar ao compromisso com o público leitor* — Dirceu Fernandes Lopes.

33. *A imagem nas mãos — o vídeo popular no Brasil* — Luiz Fernando Santoro.

34. *Espanha: sociedade e comunicação de massa* — José Marques de Melo.

35. *Propaganda institucional — usos e funções da propaganda em relações públicas* — J. B. Pinho.

36. *On camera — o curso de produção de filme e vídeo da BBC* — Harris Watts.

37. *Mais do que palavras — uma introdução à teoria da comunicação* — Richard Dimbleby e Graeme Burton.

38. *A aventura da reportagem* — Gilberto Dimenstein e Ricardo Kotscho.

39. *O adiantado da hora — a influência americana sobre o jornalismo brasileiro* — Carlos Eduardo Lins da Silva.

40. *Consumidor* versus *propaganda* — Gino Giacomini Filho.

41. *Complexo de Clark Kent — são super-homens os jornalistas?* — Geraldinho Vieira.

42. *Propaganda subliminar multimídia* — Flávio Calazans.

43. *O mundo dos jornalistas* — Isabel Siqueira Travancas.

44. *Pragmática do jornalismo — buscas práticas para uma teoria da ação jornalística* — Manuel Carlos Chaparro.
45. *A bola no ar — o rádio esportivo em São Paulo* — Edileuza Soares.
46. *Relações públicas: função política* — Roberto Porto Simões.
47. *Espreme que sai sangue — um estudo do sensacionalismo na imprensa* — Danilo Angrimani.
48. *O século dourado — a comunicação eletrônica nos EUA* — S. Squirra.
49. *Comunicação dirigida escrita na empresa — teoria e prática* — Cleuza G. Gimenes Cesca.
50. *Informação eletrônica e novas tecnologias* — María-José Recoder, Ernest Abadal, Lluís Codina e Etevaldo Siqueira.
51. *É pagar para ver — a TV por assinatura em foco* — Luiz Guilherme Duarte.
52. *O estilo magazine — o texto em revista* — Sergio Vilas Boas.
53. *O poder das marcas* — J. B. Pinho.
54. *Jornalismo, ética e liberdade* — Francisco José Karam.
55. *A melhor TV do mundo — o modelo britânico de televisão* — Laurindo Lalo Leal Filho.
56. *Relações públicas e modernidade — novos paradigmas em comunicação organizacional* — Margarida Maria Krohling Kunsch.
57. *Radiojornalismo* — Paul Chantler e Sim Harris.
58. *Jornalismo diante das câmeras* — Ivor Yorke.
59. *A rede — como nossas vidas serão transformadas pelos novos meios de comunicação* — Juan Luis Cebrián.
60. *Transmarketing — estratégias avançadas de relações públicas no campo do marketing* — Waldir Gutierrez Fortes.
61. *Publicidade e vendas na Internet — técnicas e estratégias* — J. B. Pinho.
62. *Produção de rádio — um guia abrangente da produção radiofônica* — Robert McLeish.
63. *Manual do telespectador insatisfeito* — Wagner Bezerra.
64. *Relações públicas e micropolítica* — Roberto Porto Simões.
65. *Desafios contemporâneos em comunicação — perspectivas de relações públicas* — Ricardo Ferreira Freitas, Luciane Lucas (organizadores).
66. *Vivendo com a telenovela — mediações, recepção, teleficcionalidade* — Maria Immacolata Vassallo de Lopes, Silvia Helena Simões Borelli e Vera da Rocha Resende.
67. *Biografias e biógrafos — jornalismo sobre personagens* — Sergio Vilas Boas.
68. *Relações públicas na internet — Técnicas e estratégias para informar e influenciar públicos de interesse* — J. B. Pinho.
69. *Perfis — e como escrevê-los* — Sergio Vilas Boas.
70. *O jornalismo na era da publicidade* — Leandro Marshall.
71. *Jornalismo na internet* – J. B. Pinho.

leia também

JORNALISMO NA INTERNET
PLANEJAMENTO E PRODUÇÃO DA INFORMAÇÃO ON-LINE
J. B. Pinho

O livro aborda os principais serviços da internet nas diversas atividades jornalísticas. Discute os princípios gerais de modo a garantir rapidez, simplicidade, objetividade e confiabilidade. A obra disseca o texto jornalístico digital e os elementos da estrutura da notícia na web, e sugere normas de redação específicas para esse veículo.
REF. 10841   ISBN 978-85-323-0841-2

PROPAGANDA INSTITUCIONAL
USOS E FUNÇÕES DA PROPAGANDA EM RELAÇÕES PÚBLICAS
J. B. Pinho

Como a propaganda pode ser utilizada para constituir uma imagem institucional? Em que ela difere da publicidade e como pode ser utilizada como instrumento eficaz de Relações Públicas? Obra indispensável para profissionais de publicidade e estudantes de comunicação.
REF. 10051   ISBN 978-85-323-0051-5

PUBLICIDADE E VENDAS NA INTERNET
TÉCNICAS E ESTRATÉGIAS
J. B. Pinho

A Internet transformou-a num fenômeno marcado pela maciça presença de organizações, instituições e empresas comerciais, industriais e de serviços. Este livro discute de maneira prática os procedimentos para promover a presença – em suas diversas formas – e as vendas de pequenas, médias e grandes empresas na rede.
REF. 10746   ISBN 978-85-323-0746-0

RELAÇÕES PÚBLICAS NA INTERNET
TÉCNICAS E ESTRATÉGIAS PARA INFORMAR
E INFLUENCIAR PÚBLICOS DE INTERESSE
J. B. Pinho

A internet representa hoje uma efetiva ferramenta de comunicação para o profissional de Relações Públicas. Seu caráter multidirecional permite estabelecer uma conexão aberta das empresas e instituições com seus diversos públicos de interesse. O autor apresenta os recursos que a rede mundial pode oferecer como suporte adequado para estratégias de comunicação.
REF. 10776   ISBN 978-85-323-0776-7

IMPRESSO NA

sumago gráfica editorial ltda
rua itauna, 789   vila maria
02111-031   são paulo   sp
tel e fax 11 **2955 5636**
sumago@sumago.com.br

G R Á F I C A
sumago

------------- dobre aqui -------------

Carta-resposta
9912200760/DR/SPM
Summus Editorial Ltda.
CORREIOS

CARTA-RESPOSTA
NÃO É NECESSÁRIO SELAR

O SELO SERÁ PAGO POR

AC AVENIDA DUQUE DE CAXIAS
01214-999 São Paulo/SP

------------- dobre aqui -------------

summus editorial

CADASTRO PARA MALA DIRETA

Recorte ou reproduza esta ficha de cadastro, envie completamente preenchida por correio ou fax,
e receba informações atualizadas sobre nossos livros.

Nome:_____ Empresa:_____

Endereço: ☐ Res. ☐ Coml. _____ Bairro:_____

CEP: _____-_____ Cidade: _____ Estado: _____ Tel.: ( ) _____

Fax: ( ) _____ E-mail: _____ Data de nascimento: _____

Profissão:_____ Professor? ☐ Sim ☐ Não Disciplina: _____

1. Você compra livros:

☐ Livrarias   ☐ Feiras
☐ Telefone   ☐ Correios
☐ Internet   ☐ Outros. Especificar:_____

2. Onde você comprou este livro?

_____

3. Você busca informações para adquirir livros:

☐ Jornais   ☐ Amigos
☐ Revistas   ☐ Internet
☐ Professores   ☐ Outros. Especificar:_____

4. Áreas de interesse:

☐ Educação   ☐ Administração, RH
☐ Psicologia   ☐ Comunicação
☐ Corpo, Movimento, Saúde   ☐ Literatura, Poesìa, Ensaios
☐ Comportamento   ☐ Viagens, *Hobby*, Lazer
☐ PNL

5. Nestas áreas, alguma sugestão para novos títulos?

_____

6. Gostaria de receber o catálogo da editora? ☐ Sim ☐ Não

7. Gostaria de receber o Informativo Summus? ☐ Sim ☐ Não

Indique um amigo que gostaria de receber a nossa mala direta

Nome:_____ Empresa:_____

Endereço: ☐ Res. ☐ Coml. _____ Bairro:_____

CEP: _____-_____ Cidade: _____ Estado: _____ Tel.: ( ) _____

Fax: ( ) _____ E-mail: _____ Data de nascimento: _____

Profissão:_____ Professor? ☐ Sim ☐ Não Disciplina: _____

cole aqui

summus editorial
Rua Itapicuru, 613 – 7º andar   05006-000   São Paulo - SP   Brasil   Tel.: (11) 3872 3322   Fax: (11) 3872 7476
Internet: http://www.summus.com.br   e-mail: summus@summus.com.br